RED SPIDER ジュニア自伝

野良ニンゲン

ジュニア 著

彩図社

まえがき

午前中から家の外で蝉がけたたましく鳴いている。オレがジュニアという名を名乗るようになって、31回目の夏が来た。

オレはこの30年あまりの間、レゲエサウンドRED SPIDERとしてステージに立ってきた。今回、縁があって初めての自伝を書くことになった。なかなか重度の人見知りで、インタビューなどもほとんど答えてこなかったので、あまり自分の生い立ちや音楽活動の舞台裏などについて詳しく話す機会を持たずにきた。

だが、数年前に始めたYouTubeチャンネルの企画として幼い頃のエピソードなどを話しているうちに、ここらで一旦自分の半生を振り返ってみるのもいいかなと思うようになったのだ。

レゲエサウンドと言われても、日本ではピンと来ない人がほとんどだろうが、まぁ他のジャンルでいうところのＤＪを想像してもらえれば、とりあえずは大丈夫だ。

ただレゲエサウンドは、レゲエという音楽カルチャーの中で発生した独特な存在のため、ＤＪとい

まえがき

う言葉の中に押し込めることのできない要素ももちろん存在する。それはこの本を読み進めていただけると、ある程度ご理解いただけるかと思うので、ここでの詳しい説明は省かせてもらおう。

オレはこのレゲエサウンドとして、数十年にわたり音楽を飯のタネとして生きてきた。今でこそ、日本武道館と大阪城ホールの単独公演を成功させている国内屈指のＤＪアーティストなんて言われることもあるが、この音楽を始めた時、オレは本当に何も持っていなかった。お金やコネ、知識はもちろん、人としての常識やマナーもほとんど持ち合わせていなかった。

唯一持っていたものといえば、「レゲエが大好き」という気持ちと、それまでの生活の中で研ぎ澄まされていた貪欲さくらいのものだっただろうか。

この本では、そんなオレがどんな生い立ちを経てレゲエに出会ったのか、そしてキャリアを築いていく過程で出会った、多くのアーティストや裏方の人達とのエピソード、また数多くの挑戦を続ける中で味わった苦労や挫折を書いた。

タイトルにした「野良ニンゲン」という言葉は、オレが駆け出しの頃にお世話になった先輩に、当時10代半ばだったオレに対して抱いていた印象を尋ねた際、不意に返ってきた言葉だ。その言葉をもらったのはつい最近のことだが、当時の自分を振り返るとこれ以上ないくらいにしっくりくる言葉で、初めて聞いた時は腹を抱えて笑った。あまりにも言い得て妙だと思い、この自伝のタイトルにさせてもらった。

この先輩を含め、音楽を通じて出会った色んな人との出会いが、オレを野良ではないいっぱしの人間に成長させてくれた。

だが、野良の魂は、オレの音楽人生を支え、アーティストとしてのオレの色に繋がっている大事なエッセンスになった部分でもあったのだと思う。だから、決して褒め言葉ではないであろう、この「野良ニンゲン」という言葉は、オレにとっては誇りでもある。

一応は音楽アーティストの自伝なので、専門的な音楽用語や業界用語などもそれなりに出てくる。なるべく音楽にあまり興味のない人でも理解できるように書いたつもりだが、読みにくいところもあるかもしれない。また、登場人物の名前やいろんな出来事の起きたタイミングなどは、なるべく正確に残すことを心がけたが、基本的に自分の記憶を頼りに書いていったので、間違ってしまっている部分もあると思うが、そこはご容赦願いたい。

好きという気持ちが人生をどのように変え得るのか。夢を追い、叶えていくという華々しくも思える行為が実はどれほどに泥臭いものなのか。オレの音楽人生の一端を垣間見ることで、読者の皆さんにも新たな可能性や情熱を抱いていただければ幸いです。

野良ニンゲン

RED SPIDER ジュニア自伝

目次

第1章
環境

借金取りと押し入れの中の母親

最初の記憶は幼稚園の頃まで遡る。

共働きの両親と2人の兄のいる、3人兄弟の末っ子として育った。その頃住んでいたのは東大阪の長瀬というところの、コピーされたような同じ形をしたコンクリートの塊が整然と立ち並んだ団地だった。

とにかく声のよく響く団地で、隣に住んでいる人の喧嘩する声がよく聞こえてきていた。4階建の4階に住んでいたが、エレベーターなどはもちろんなく、子どもの足では毎回途方もない高さに感じていたのをよく覚えている。

親には借金があり、とても貧乏な暮らしをしていたので、団地の重いスチールの扉に「金返せ!」とか「死ね!」とか書かれた紙が毎日のように貼られていた。家に帰ると毎回それを剥がして中に入るような生活だった。今から40年くらい前の、ほとんどの人がテレビのドラマとかでしか見たことがないような、昭和の光景。

ある出来事が起きるまでは、そんな環境で過ごしていた。

幼稚園に通っていたのだが、オレはいつも1人で帰っていた。行きは母親が送ってくれるが、帰りは母親の仕事の時間の都合もあったのか、なぜか1人で帰っていた。きっと今はどの幼稚園も園児に1人で帰らせたりしていないと思うが、当時はまだ結構あったのだろう。

合鍵はもっていなかったから、家の前につくと「ドンドンドン」って戸を叩きながら「オレ〜」みたいなことを言って声を掛ける。すると先に帰っている母親だったり兄だったり、仕事をズル休みしていた父親だったりが鍵を開けてくれる。中に入ると毎回、「ちゃんと鍵掛けや」と言われていて、帰ってきた人が責任を持って鍵を掛けるっていうのが川畑《かわばた》家のルールだった。

ある日、いつも通りに幼稚園から帰ってきて、家の中で兄と一緒に遊んでいたら、突然誰かが玄関のスチールの扉を「ドンドンドンドンドン‼」と強く叩く音が部屋に鳴り響いた。一瞬「びくっ」としたが、この叩き方にはもう覚えがあった。借金取りだ。

この時代は平成15年のヤミ金融対策法どころか、昭和58年の貸金業規制法ができるよりもまだ前だった。誰々がさらわれたとか、保険金をかけられて殺されたとか、そんな話がまだまだ聞こえてくる頃。まだ幼かったオレは、それがどういう意味なのかは少しも理解していなかったが、時々家を訪ねてくる声のおっきな人達が、普通の人達じゃない、なにかヤバい人達だってのはなんとなくだけどわかっていた。

そもそもドアの叩き方が違う。オレ達みたいな「帰ってきたよ〜」みたいなかわいい叩き方ではなく、どついているみたいな勢いがある。この音がすると、決まって間髪入れずに扉の向こうから「川畑コラァ!!　居《お》るやろー!!」「出てこいゴラァー!!」と怒鳴る声がする。すると母親が少し顔色を変えながら人差し指を口元に立て「しぃー!!」とオレ達に合図を送る。オレ達もすぐに「あっ!」となり、静かにする。

こういうこと自体はそれまでにも何度かあり、母親に「しぃぃー!!」とやられても、この状況に少しだけ慣れていたからあまり慌てることもなく、「あ、これ黙っとかなあかんやつや」と兄と顔を合わせながらすぐに気配を消していた。このまま静かにしていたら、この後いつも通りに「ガチャガチャガチャ!」とドアノブを回して、開かないのを確認したら張り紙を残して帰って行くはず。

けど次の瞬間、ある不安がよぎった。

「あれ……？　今日オレちゃんと鍵掛けたっけ……？」

借金取りがドアノブに手を掛ける、すると不安のままに「ガチャッ」と音がする。少し拍子抜けしたような音に聞こえたのは気のせいだったのだろうか。程なく借金取りが2人、少し慌てた様子で土足のままでドカドカと部屋に上がり込んできて「川畑ゴラー!」と凄んだ。

だけどそのちょっとの間に、さっきまですぐ隣にいたはずの母親はそこにはおらず、すでに居間の押し入れの中に身を隠した後だった。

母親の姿が見当たらないのを察し、借金取りはオレと兄に「オカンどこや!!?」と問いかける。オレ達2人は、もう怖くって何も言えず、ただ「あぁぁぁ……」と言葉にならない声を発するしかできない。

そもそも居間を含めても３部屋しかない団地の一室だから、聞き出すよりも探した方が早いと考えたのだろう。借金取りはすぐに居間の隣の部屋に踏み入り「ここかー！」「居らんやんけ！」「どっか居るんやろ！　どこ隠れとんねんー！」と怒鳴り散らす。

兄とオレの２人は「うわ……ヤバいヤバい……」と狼狽《うろた》えながら、何もできずに居間からその様子を見ていた。居間にはブラウン管の小さなテレビがあり、母親はその左手にある押し入れの中に隠れている。他の部屋にも姿がないことを確認した借金取りの２人はすぐに居間に戻り「どこ行ってんお前らのオカン！」とまた問いただすが、オレ達は相変わらず「あわわわ……」となるばかり。

「このまま気付かれませんように……」なんて淡い期待がオレの脳裏をかすめた瞬間だった。年長に見えていた方の借金取りが「チッ」と舌打ちをすると同時に、目線を上げたその時、襖《ふすま》の存在に気付いてしまった。オレはもう「ヤバいヤバい……バレてまう……」と泣きそうになってしまっている。

借金取りが襖の引き手に手を掛けて「ここやろー!!」と言いながら勢いよく「バァン!!!」と開けた。すると母親は、押し入れの中で、体育座りをしていた。金貸しのおっさんはそれを見て「お前ドラえもんかコラー!!!」と言った。オレは親の体育座りを初めて見た。

そこから先はもう記憶が飛んでしまっている。子どもの頃の記憶は、断片的にしか覚えていない。自分の中で特に衝撃的なポイントがあって、そういう部分を色濃く覚えているのだろう。この話はその中で一番幼い頃の記憶だったと思う。

母親の失踪

そんな貧しい生活が続いていたある日、オレ達兄弟は母親に連れられ、めずらしくデパートに買い物に出かけた。長男、次男とオレ、その日は3人兄弟が揃っていた。

それまでも一緒に買い物に行くことはあったが、「あれが欲しい」「これが欲しい」と言っても、欲しい物を買ってもらえる事なんて、もちろんほとんどなかった。

でもその日はいつもと違っていて、おもちゃだったりお菓子だったり、母親はオレ達3人がねだるままに、色んなものを買い与えてくれた。オレは両手で買い物袋を抱えて「めっちゃ買ってくれるやん!」とごきげんになりながらも、今までにないその状況に「どうしたんやろ?」と、少し戸惑いを覚えてもいた。

買い物を終え、オレ達はデパートの待合所のような、椅子が数脚設置してある、買い物客が休憩をしたりするための場所に連れて行かれた。母親は椅子に腰を掛けたオレ達に「ここでちょっと待ってて」と声を掛け、ごきげんなオレ達は「わかった~!」とすこぶる元気に返事をしていた。

でもオレには、母親がその場を去る瞬間、少し目に涙を浮かべているように見えて、イヤな予感がした。

その後どれだけ待っていても、母親が戻ってくることはなかった。母親は幼いオレ達をそこに残してそのまま〝飛んで〟しまったのだった。きっと借金まみれの暮らしに耐えきれなくて、「もう無理！」ってなったのだろう。

それから数日が経った後、親族会議が行われた。父親と父親の兄妹が、オレ達の住んでいた団地の居間に集まっていた。

仕事も借金もあるから父親ひとりだけではとても3人の子育てを賄うことはできない。親戚のところも引き受けるのは難しい。「もう施設に入れるしかない」そんな声が居間から漏れ聞こえて来るのをオレ達兄弟は隣の部屋で聞いていた。

オレは幼かったからか状況があまり飲み込めていなくて、「あ……家族がバラバラになんねや……」と思っていただけだったが。その時もう小学生になっていた長男と次男は、もう少しこれがどういうことなのかを察していたのだろう、ひたすらにワーと泣きじゃくっていた。

次の日だったたか、父親に幼稚園に連れて行かれて、「もう今日でお別れになります」ということを幼稚園のみんなに伝えた。オレはまだ引っ越しするくらいの感覚しかなくて、最後に母親から買ってもらったおもちゃや、思い出の品を持って行こうって思っていた。

だけど孤児院はそういった私物の持ち込みを許してはくれなかった。きっと中でのトラブルの元になると考えたのだろう。そこから3人兄弟揃って、児童養護施設、いわゆる孤児院で生活をするようになった。

孤児院でのハードな生活

そこでの暮らしは今までとは全く違うもので、オレは入った初日から孤独な夜を迎えることになった。

孤児院の宿舎は、年齢や性別によって、4つのクラスに分かれていた。小学生から中学生のクラスが男女で1つずつ、3歳から小学校に入るまでの未就学児のクラス、赤ちゃんからの幼児クラスの4つだ。オレはまだ小学校に入る前だったから、孤児院に入っていきなり2人の兄とクラスが離れ離れになってしまった。

寝るときはその宿舎別に寝るのだが、それまで団地の狭い寝室に家族並んで布団に入ることに慣れていたオレは、知らない場所で知らない人達と枕を並べて寝る事なんてなかった。だからよく夜中に眠れず寂しくなって、自分の宿舎を抜け出して兄が寝ている宿舎へ忍び込み、兄の布団に隠れて寝ていた。

でも大体は夜中に見回りの先生に見つかって、つまみ出されて厳しくどやされ、未就学児のクラスの宿舎に戻されていた。どやされるくらいだったらまだいい方で、しばしば折檻を受けることもあった。

今はもう時代もだいぶ変わったからそんなこともないとは思うが、キリスト教系の教会に付随していたその孤児院は規律にとても厳しくて、廊下を走っている所を先生に見つかっただけでも、太ももをめちゃくちゃ叩かれたりしていた。その点については未就学児であろうとも決して容赦はなかった。

毎日夕方６時が晩飯の時間で、その時間になるとお腹をペコペコにすかせた孤児院の全てのクラスのメンバーが食堂に集まり、一緒に夕食をとった。ひとクラスに十数人ずつくらいだったから、全部で５、60人くらい居たと思う。

食事を前にすると、それまでガヤガヤしていても一旦静かになって、ミッション系の孤児院らしく食前の祈りを捧げる。「父よ。あなたの慈しみに感謝してこの食事を頂きます。ここに用意されたものを祝福し私達の心と体を支える糧としてください……」のようなやつだ。

ある日カレーライスの日があって、みんな食欲を刺激する匂いを必死に耐え、はやる気持ちを抑えながらも祈りを捧げた。オレもきちんと祈りの言葉を口にしてから、スプーンで掻き込むようにしてバクついた。でも、なぜかいくら噛んでも噛みきれない肉があって「スジんとこかな……?」と思って口から出したらバンドエイドだった事があった。調理員のおばちゃん、炊事のやり過ぎであかぎれでも酷かったのかな。さすがに体を支える糧にすることはできなかった。

毎週日曜日になると教会でミサがある。近所から人が集まってきて、みんなで祈りを捧げたり、聖書を朗読したり、賛美歌を歌ったりする。

毎回未就学児のクラスで何人か当番が決まっていて、ミサの途中、裏返しにした神父さんの帽子を参加した人の所に持って廻ってお金を入れてもらう。これが終わると、施設にいる子ども全員が孤児院から100円ずつお小遣いを貰えて、みんな近所の駄菓子屋に駆け込む。オレもこれがめちゃくちゃ楽しみだった。

そんな日々を過ごしながら数ヶ月がたち、やがてオレは小学校に入学した。小学生になると2人の兄と同じ宿舎に居れるようになるので、オレは小学生になることをずっと楽しみにしていたが、実際に小学生になったらなったで、それまでとはまた違う、新しい困難がそこには待ち受けていた。

まず学校では、今までなかった違和感を抱くことになった。

それまでは幼かったのもあって行動範囲も限られていたし、日常で出会う人も施設と幼稚園の中くらいだったので、あまり周りの人達がどういった生活をしているのかなど、気にしたこともなかった。でも小学校に入って同級生の親と会ったりする機会があると、コソコソと「あ……あの子やんな、施設の子……」といった言葉が耳に入るようになっていた。どうやら自分の生活はみんなと少し違うらしい。

たしかに施設にいると、宿舎の風呂が小さいせいもあって時間が決まっており交代制で入らなくてはならず、一晩だけでは順番が回ってこないので、週に2、3回くらいしか入る事ができていなかった。我ながら、異彩ならぬ異臭を放った子どもだったろうなと思う。

孤児院での状況の変化は、もっとキツかった。

孤児院の小学生から中学生のクラスには、年長の中学生をトップにした揺るぎないヒエラルキーが存在していて、年少の者への暴力がとにかくひどかった。先輩からの腹パンは日常で、ジュースの空き缶で永遠に頭をしばかれたりもした。この頃はまだ炭酸ジュースの缶も２５０㎖のスチール缶だったりして、めちゃくちゃ痛かった。

小学校3年生になると強制的に施設の野球チームに入れられるのだが、下級生達はいつも上級生達にグラウンドの整地で使うトンボや金属バットで尻をしばかれていた。当時まだ1年生だったオレは、兄がしばかれているのをよくグラウンドの端から怯えて見ていた。

この頃、施設で流行っていた遊びがあった。地面に空けた穴に1、2、3、4、5と番号を振り、ビー玉を転がして番号順に入れていく。途中で失敗したら最初からやり直しで、最後まで先に成功した者が相手のビー玉を全取りできる、という遊びだ。

小学校1年生にして器用だったオレは、みんなからビー玉を巻き上げて沢山持っていた。すると中学生の先輩に目をつけられ、勝負を挑まれた。勝敗はすぐについた。オレの勝ち。でも先輩はもちろん納得せず、「アホか。お前のよこせや！」と理不尽に迫る。もちろんオレは「は？　イヤやって」と返す。

だが力の差は無常である。オレはすぐボコボコにされて、ビー玉はもちろん全て奪われた。挙げ句の果てにはそのビー玉を、当時みんなが〝パチンコ〟と呼んでいたスリングショットという手製の武器の弾に込められ、穴だらけになりそうな経験もした。

今思うとなかなかハードな日々だったが、毎日ごはんも食べられていたし、借金取りに怯えることもなかった施設での暮らしにオレはそれなりに慣れつつあった。父親は月に1回くらいは会いに来てくれていて、4人で昼ごはんを食べに出かけたりはしていたけど、「これからもこんな感じでここの生活がずっと続いていくのかな?」なんて思い始めていた。

母親との再会

施設に入って2年ほどが過ぎたある日、オレが小学校から帰ってくると、よく目立つ黄緑色のバンが施設の事務所の前に停まっていた。見間違えることのないハイエース、父親の車だった。「あ、また顔見せに来てくれたんかな」なんて思いながらよく見ると、助手席にサングラスをかけた女性の姿があった。一目見てすぐわかった。

「うわっ……オカンや……」

そこには数年ぶりに再会することになった母親が居て、まだ少し離れたところに居るオレの姿を見るや否や手招きしながら「こっちおいで」と呼んでいた。

でも、オレは行けなかった。なぜだったのだろうか、オレは「え……」と突然のことに戸惑うばかりで、その場に立ちすくんでいた。すると一緒に帰って来ていた次男がオレの後ろから全速力で駆け寄り、車から降りて来た母親の胸に「抱っこぉ!!!」と言わんばかりに飛び込んでいった。その瞬間の事は、スローモーションの状態で記憶に焼き付いている。そのあとすぐに長男も小学校から帰ってきて、母親を見つけて、「うわあーっ」と抱きつく。

父親、母親、長男、次男が４人で輪になって号泣していたのだが、オレは少し遠巻きから「ここで泣かなあかんねんやろな」と思っていたのを覚えている。とはいえ、すぐに「お前もこっちこい!!」と言われその輪に入り、もちろん家族が全員揃った喜びを分かち合いはした。

「帰る準備ができたらまたすぐに迎えに来るから」と言い残されて、その日は両親と別れた。施設の宿舎に戻ったオレは次男に「お前めっちゃ泣いてたな」とデリカシーのない冷ややかな言葉を投げかけた。兄は、その日決して目を合わせてはくれなかった。

それからまた2、3ヶ月がたち、父親と母親は約束通りに２人で迎えに来てくれた。

「やっとここから出られる」

そう思いながら、施設のみんなに別れの挨拶をし、黄緑色のハイエースに乗り込んだ。「新しい家に行くからな！」と少し誇らしげな雰囲気を漂わせ運転する父親の背中を後部座席から眺めながら、堺の美原《みはら》という町に向かった。

第2章
新居

新居は〝お化け屋敷〟

施設から3、40分ほど車を走らせ、到着したところは人気のない工場地帯だった。川沿いに並ぶ、四方を赤茶けたトタンのような物で囲まれた、何かの工場らしき建物。その脇に車を停め、「ついたぞ」と言う父親の合図でオレ達兄弟はハイエースから降りた。

建物の横には、コンクリートの基礎の上に高めのフェンスが張り巡らされた施設、市民プールがあった。トタンの建物と市民プールの間には小さな溝が奥に向かって伸びており、それに沿って日陰の草むらにできた、けもの道のようなものが見えた。通路と呼ぶにはあまりにも薄暗く、狭い。

だが「ここや」と言って父親はそこへオレ達兄弟をいざなう。その先に家があるとはとても思えない路地をぞろぞろとついていき、不安を覚えながらも20mほど進んで市民プールの裏手に出ると、意外にも少しひらけた場所があった。

トタンの建物と市民プール、それらに視界を遮られてさっきまで気づけなかった中学校の大きなグラウンド。その間の草むらに囲まれたスペースに、1軒の家、とはとても呼べない1棟の小屋が建っていた。屋根は赤茶けたトタン、壁はところどころ剥がれ落ち、ツタが絡みついている。今にも倒壊してしまいそうなその小屋が、近所の子ども達から〝お化け屋敷〟と呼ばれていることなんて、その後にわざわざ知らされるまでもなかった。もしオレがこの近所に元々住んでいたとしたら、オレだってそう呼んでいただろう。

どうやら父親は、この横にあるトタンで囲まれた工場で働いているようだった。そしてその工場が以前に寄宿舎として使っていた建物を借り受けたようだった。この日から、ここが我が家となった。なんせボロっちくて、汚い家だったが、オレは明るい気持ちでいた。なんせ久しぶりに家族５人が揃って暮らせるのだ。

結局オレはこの後、小学校の低学年から中学校を卒業するまでの長い時間をこの〝おもしろハウス〟で過ごすこととなる。

ボットン便所のヒーロー

このおもしろハウスでのエピソードは挙げ出したらキリがない。本当に色んなことが起こる場所だった。

まず玄関の扉を開けると、普通の家だったらだいたい土間になっているところ、この家はここがなぜか板張りになっていた。しかもこの板がところどころ腐って抜けたりしているから、そこから色んなものが出入りする。

ゴキブリ、クモ、ムカデはもちろん、大人になってからは見たことのない虫もよく見かけた。ネズミなんかも家の中をよく走り回っていたけど、一番厄介だったのが、たまにマムシが出ることだった。よく田舎の方なんかで見かける「マムシ出没注意！」の立て看板のあの毒蛇。サイズはそんなに大きくないのだが、噛まれたら死ぬこともある。これが玄関に脱いである靴に入り込んでいたりする。電球もついていない暗い玄関だったから、一度気付かずにそのまま履こうとして、踏み付けてしまったことがあった。それ以来オレは、靴を履く時に一度ひっくり返して、中に変なものが入っていないか確かめてから履くのが習慣になった。

この家は下水がきちんと整っていなくて、炊事や洗濯などで出た生活排水などは、家の周りをまるでお城の堀のようにぐるりと囲む幅３ｍほどの溝に垂れ流していた。高さも２ｍほどあるのだが、外で酒を飲んで酔っ払って帰ってくることの多かった父親は、ベロベロで帰ってくるとよくこの溝に落ちていて、夜中に外からうめき声のようなものが聞こえてくることがあった。

家の中にはトイレもなくて、便意を催すと、玄関から出て30秒ほど歩いた工場と学校の間にひっそりと建つ、トタン張りの小屋に駆け入った。この中には、底に大きな穴の空いたスリッパ型の白い便器が設置してある。いわゆるボットン便所だ。

しかし母親以外のオレ達兄弟と父親は、大の方を催した時以外にいちいちそこを使うことはなかった。じゃあどこで用を足すのかというと、居間の窓を大胆に開けて、家を囲む溝に向かって放つ。酔った父親がよく落ちていた溝だ。オレ達兄弟はあまり狙いをはずすことはないのだが、父親は年齢的に小便のキレも悪い上に、ベロベロでしたりするから、どうしても足元に落ちてしまうことが多く、そのせいで居間の畳がずっと小便の臭いを放っていた。食事もそこでするわけだから、今思うと本当になかなかの環境だったなと思う。

かといって、いちいちボットン便所の方を使う気にもなかなかなれなかった。ちょうど工事現場とかにあるような簡易トイレくらいの狭さで、壁だけじゃなく屋根もトタンだから、夏場なんかはもう地獄のような暑さになる。もちろん臭いも耐えられたものじゃない。しかも、溜まった排泄物に銀蝿が卵を産みつけるから、早く済まさないと足元にウジ虫が這い上がってきていたりする。できることならばなるべく入りたくなかった場所だった。

この時代はまだボットン便所がある場所自体はちょこちょこあって、今ではなかなか見かけることの少なくなったバキューームカーが、だいたい月に2回くらいのペースで独特な臭気を放ちながら回って来て、あの独特なぶっといホースを突っ込んで排泄物を吸い取っていく。

でもオレの家の場合は基本的にお金がないので、月2回分の月額料金なんて払えない。排泄物が限界まで溜まったら業者に電話して、吸い取りに来てもらうのが通例だった。お金も業者が来てくれた時に払うので、これがだいたい親の給料日が来てすぐのタイミングになっていた。

ある日、事件が起きた。パートから帰ってきてすぐトイレに行った母親が「大変なことになった！」

と、ひどく慌てた様子で家の中に駆け込んで来た。「どうしたん⁉」とオレ達兄弟は異常を察する。母親は続けた。「給料袋落としたーーー!!!」

何を間違ったのか、もらったばかりの給料袋をボットン便所の中に持って入って、あろうことか便器の中に落としてしまったのだ。すぐさま兄弟3人と母親で会議が開かれた。

母親が言う。「誰か取って……！」兄弟3人は「いやいやいや……それはさすがに嫌やわ……」と応じるが、母親は譲らない。「お願い!!　賞金あげるから！」。排泄物はその表面が見えるくらいに溜まりきってはいたが、さすがに便器から手を伸ばすとしても肩まで突っ込んでギリギリくらいの距離はある。自分がやるのなんて絶対に嫌だったが、このままでは溜まり切った排泄物が溢れるどころか、明日からの生活も送れないのは目に見えていた。

仕方なく3兄弟でジャンケンをすることにした。こんなヒリヒリするジャンケンは後にも先にも経験したことはない。運命を賭けた勝負の結果、オレは見事に勝ち、次男がその役割を負うことになった。次男は本気で嫌がっていたが、「でも、いいやん！　お前賞金もらえるやん！」とオレはすでに込み上げる笑いを抑えるのに必死だった。

渋々便器に手を突っ込んだ次男が拾い上げた給料袋は、もちろんうんこまみれになっていた。かくして次男はこの日、家族の危機を救ったヒーローになったのだ。しかしヒーローの頭には、うんこがべっとりとついていたのをオレは見逃さなかった。

ライギョの墓になった風呂

この家のトイレは離れにあったが、風呂はなかった。

いや、正確に言えば〝かつては〟あったのだ。トタンに囲まれたトイレの正面にもう1つトタンに囲まれた建物があって、それが風呂場だった。風呂場といってももちろんシャワーなどはないし、追い焚きできるような釜も付いていない。脱衣所と浴槽、ハンドルに青の印がついた蛇口が1つあるだけ。お湯は出ないから、ヤカンで沸かしたお湯を炊事場から持ってきて浴槽に溜めていく。いっぱいまで溜めようとするととにかく時間が掛かって入る頃には冷めてきたりするから、膝まで浸かれるくらいになったらもう入ってしまう。そんな風呂だった。

だが、ある日を境に、この風呂場に足を踏み入れるものはいなくなった。

当時小学生だったオレは、もちろん親から十分なお小遣いなどもらえることもなく過ごしていた。

そんなある日、友達からある噂を聞かされた。

「知ってる？　カブトのおっちゃんているやろ？　あそこにライギョ持っていったら、1000円で買い取ってくれるらしいで」

近所の子どもからカブトのおっちゃんと呼ばれるその人物のことはなんとなく知っていた。カブトムシを持っていくと買い取ってくれるおっちゃん。その人物がなんとライギョも買い取ってくれるらしい。

ライギョは20世紀に大陸から持ち込まれた大型魚で、英語だとスネークヘッドと呼ばれる。その名前の通り蛇みたいな見た目をしていて、小魚だけじゃなくてカエルとかザリガニも丸呑みにする。魚には珍しく空気呼吸ができるおかげで綺麗じゃない水でも住めるから、おもしろハウスから工場とプールの間の細道を抜けた正面に流れている、生活排水が流れ込むようなその川にも沢山いるのをオレは知っていた。

それにしても1000円とは。大金である。俄には信じ難かったものの、ものは試しだと考え、オレは友だちとすぐにライギョ釣りの計画を立てた。釣竿と仕掛け、あと餌には大人の小指ほどの太さのあるミミズ、ドバミミズを準備して釣りに挑んだ。

ライギョは簡単に釣れ、噛まれないように気をつけながらカブトのおっちゃんの元を訪ねた。半信半疑だったが、確かに買い取ってくれた。オレは思った。

「これめっちゃ大金持ちなれるやん‼」

味をしめたオレ達は時間を見つけてはライギョを釣り、幾度となくカブトのおっちゃんの元を訪ねては1000円をゲットした。

しかしそんな日々は長く続かなかった。

その日は、いつもにも増して釣果がよく、オレ達は５匹のライギョを携えてカブトのおっちゃんを訪ねた。「やっぱいなこれ……５０００円もらえるやん！」とワクワクしながらおっちゃんの登場を待つオレ達は、おっちゃんが現れるとともに発した言葉に愕然とした。

「もうライギョ要らんわ……」

よく考えたら当然である。カブトのおっちゃんが持ち込んだライギョをどうしていたのか、飼っていたのか、食べていたのか、はたまた研究でもしていたか。なんにせよ、どれだけ欲しがっていた人でも、短期間にはそんなにたくさん要らないものだろう。需要と供給のバランスの大事さをオレはここで学んだ。

しかし困ったのは、この引き取ってもらえなかったライギョの処遇である。せっかく釣ったものを逃すのも何かもったいなく感じて、迷った挙句、オレは家の風呂場の湯船で飼ってみる事にした。２、３日は様子を見ていた。でもちゃんとした飼い方なんてわかっているはずもなく、目を離した数日のうちに全部死なせてしまった。今思ったら可哀想なことをしてしまったと思う。

魚とかを飼ったことがある人はわかると思うけど、死んだら水面に浮かんで白いカビに覆われる。日が経つともちろん臭いもひどい。しばらくは親から「早く片付けろ！」とどやされてもいたが、なにかもう、怖くなって、そのトタンの建物にも立ち入るのを避けるようになり、そこから家の誰もその風呂場を使わなくなってしまった。

こうして、おもしろハウスから風呂という機能が失われたのだった。

母親はわりと綺麗好きだったから、風呂場が使えなくなる前から銭湯に行っていたりしていて、そこからはオレ達兄弟や父親も銭湯に行くようになった。

ただ、銭湯はお金もかかるし、冬場なんかは面倒になることも多かった。そこでオレは考えた。台所のシンク、ここにあるプラスチック製の大きな洗い桶、よく考えたらここは水も溜められるし、湯沸器はないけどヤカンで沸かせるからお湯も使える。

「ここでいいやん‼」

オレはそれから湯を張った洗い桶に頭を突っ込んで洗い、体を洗った石鹸の泡もシンクで流すようになった。それを見ていた父親も「それええなぁ！」と真似するようになり、兄達も次第にそれにづいた。

冬場は気分的に毎日風呂に入らなくてもいいかなっていうのもあって、オレ達兄弟と父親はこうやって台所風呂で済まして節約することも多かった。だが毎日入らないと気持ち悪い夏場はさすがにそうもいかない。しかしオレ達にはこの季節だけ使えるもっとシンプルな方法があった。なんせ、おもしろハウスは市民プールの裏にあるのだから。

おもしろハウスのゲスト達

この頃おもしろハウスにはオレ達の家族5人で住んでいたが、一時期だけこの狭い家の住人が7人だった頃がある。両親とオレ達3兄弟、あと2人はタイ人の夫婦だった。父親の働く工場の同僚で、出稼ぎに日本に来ているらしかった。旦那さんの名前は忘れたが、奥さんのマーラには可愛がってもらったのを覚えている。

なにやら職場で出会い、打ち解け、まだ住む所の決まっていなかったその夫婦に、「住むとこ無いんやったらオレんところで住んだらええやん‼」と、いつものごとくその場のノリで連れてきたらしかった。もちろん部屋が余っているわけもなく、オレが次男と寝ていた部屋にマーラ夫妻が入ることになり、オレ達2人は長男の1人部屋に押し込まれることになった。かなり狭かったが、家族が多いのは嫌な気はしなかった。

この状態で半年ほど過ごしていたが、ある日を境にマーラ夫妻は突然姿を消した。

その日、マーラ夫妻は神戸に出かけた。なんでも南京中華街にある、海外食品を専門に扱うスーパーにタイの食材も置いているらしく、それまでも幾度となく神戸に向かうことがあった。いつものように母国の缶詰などを買って帰ってくるのかと思っていたら、いつまでたっても帰ってこない。出先で何かあったのかとみんなで心配して待っていたが、結局深夜になっても帰ってくることはなかった。

翌日、父親が職場にいると、タイの大使館から工場に電話が入った。それによると、マーラ夫妻は不法滞在者で、神戸への道中で捕まってしまい、タイへ強制送還されてしまったとのことだった。オレ達は最後の別れもできず、部屋にはマーラ夫妻が買い物に出かけた時のままの荷物がしばらくの間取り残されていた。

マーラ、元気にしてるかな？

知り合った人をノリで連れて来ちゃうのは父親だけじゃなくて、母親もそんなフシがある人だった。母親は昔から耳が少し悪く、補聴器をつけていた。子どもの頃からおっきな声で話さないと伝わらないのだが、オレがボソッと「ほんまクソババァ……」とかつぶやいたりするとしっかり聞こえている、そんな母親だった。

パチンコが好きで、よく通っていた。オレが小学生の頃、食事時になってもなかなか帰ってこない時なんかは、パチンコ屋まで行って「ご飯どうするん？」と聞くと1000円札をパッと渡される、みたいなことも幾度となくあった。時間を見つけるたびに通うので、パチンコ友達などもできたりする。

一度パチンコ友達を急に家に連れて来たことがあって、帰ってくるなり「こちら、○○さん！」と中年女性を紹介された。母親は「今日泊めてってゆーから泊めたんねん！」と続ける。オレ達は「はぁ⁉」と眉間にシワが入る。母親はオレ達の怪訝《けげん》な顔もいっこうに気に留めようともせず、そのまま母親の寝ていた1階の居間にその中年女性を泊めた。

第２章　新居

翌日、オレが目覚めて1階に下りると、母親が慌てた様子でゴソゴソと探し物をしていた。中年女性の姿はない。「どしたん？」とオレが聞くと「朝起きたら○○さんおらんくって、財布もないねん！」。財布どころか、指輪などの金目の物を根こそぎ持ち出されてしまっていた。兄が「そらあかんで！　そんなよーわからんパチンコ屋で友達なった人泊めたら！　いつ友達なったん？」と言うと、「昨日！」と元気よく答えた。オレはもう「そらあかんわ……」と呆れるしかなかった。

昨日知り合ったばかりの人を平気で家に泊めてしまうような両親だったが、こんなに貧乏をしていても、お人好しで、人を疑うことのできない人達だった。

後から知った話だが、東大阪の団地に住んでいた頃の借金も、元々は両親2人ともが数人の友人の借金の保証人になってしまい、それを肩代わりしなくてはならなくなったのが始まりだったようだ。

とはいえ、それだけが原因でもないだろう。特に父親の方はなかなかぶっ飛んだ人だった。

職場で知り合ったタイ人を気前よく家に住ませたりするわりに、急に数ヶ月くらい仕事に行かなくなったりするし、もちろんのようにギャンブルもする。

アル中で、毎日ビールのロング缶を8本くらい飲む。その頃はまだタバコも酒も子どもが買えた事に加え、酒屋は個人相手にも掛け売りをしてくれるような時代だったので、いつも家族の誰かがビールを買いに走らされては、ツケてもらっていた。だが飲む量が飲む量だから、毎月の支払いもきちんとしきれるわけもなく、数ヶ月分のツケがいつも未払いのままになっていた。

酔うとなかなかタチが悪く、母親ともいつものように喧嘩をする。母親が「また酒ばっかり!!」と怒ると、厚みのあるガラス製の灰皿を母親目掛けて投げたりするし、包丁が飛び交うこともあった。一度、父親が投げた灰皿が母親の頭に命中し、血がドバドバと流れ出した時はなかなか焦った。『寺内貫太郎一家』や『巨人の星』で描かれるような、今はもう絶滅したかもしれない、昭和の親父だった。クソ親父というやつだったのかもしれない。でも嫌いになったりしたことはなかった。

川畑家のお誕生会

父親がそんな感じだから、おもしろハウスでの生活は当然になかなかハードだった。親の給料日前などは晩御飯がパンの耳と味噌汁だったこともザラにあったし、トタン屋根の雨漏りが酷いからといってゴミ袋なんかで補修するから、かえってそこに水が溜まってしまって、その重みで屋根ごと落ちて来たこともあった。でも、そういった日常の中での貧乏はある程度慣れてくる。一番貧乏を噛み締めるのは、やっぱり非日常なイベント事がある時だった。

「次の日曜日、誕生日会するねん！　川っちも来てな！」

ある日、当時よく遊んでいた友達に誘いを受けた。川っちというのは地元の友達に呼ばれていたあだ名。オレにとっては施設にいた時以来の誕生日会だった。

施設では２ヶ月ごとに誕生日会の日があって、施設にいる子ども数十人がみんな食堂に集められた。その期間に誕生日を迎える子ども達が、合同でお祝いしてもらう。みんなにバースデーソングを歌ってもらうが、ケーキは食べた記憶がない。自分だけが祝ってもらうわけじゃないし、そもそも誕生日当日とは日にちがずれるため、いかんせん当事者感の薄いものだった。

誘いを受けた誕生日会の当日、そんなことをぼんやりと思い出しながら、友達の家に足を向けた。何度か訪れたことのあった家の前に立ち、大きな声で友達の名を呼ぶ。玄関から顔を出した友達に招かれて家に入り、リビングに通された瞬間、オレは思わず息を呑んだ。

リビングの机の上には食べ物が所狭しと並んでいた。アルミホイルが巻かれて持ち手になっている骨つきのローストチキン、大皿には唐揚げやフライドポテト、枝豆が大量に盛られ、ところどころに配されたプチトマトの赤が食欲をそそる。たくさん用意された炭酸ジュース、もちろんメッセージプレートが乗っかったホールのショートケーキもある。壁には色紙で作ったチェーンのようなものが張り巡らされ、賑やかさを演出している。主役である友達は少し気恥ずかしそうではあるが、満面の笑みを浮かべていた。

今思うと一般的な誕生日会だったのかもしれない。しかしオレにとってはこんな豪勢な誕生日会、初めてだった。この時、すっかりテンションの上がったオレはそこで宣言をした。

「オレも誕生日会するねん！　みんな来てな！」

誕生日会を楽しんだ後、おもしろハウスに戻ったオレはすぐに母親に相談した。母親は「うん、したるしたる」と二つ返事だった。オレはその日、まだまだ何ヶ月も先の自分の誕生日会が楽しみでなかなか寝付けなかった。

オレの誕生日は3月21日だ。よく遊んでいた友達グループの中で一番遅い誕生日だったので、自分の誕生日が来るまでの間に、みんなの誕生日会にお邪魔することになった。やはりどのお宅にお邪魔しても豪華な食事が準備されていて、否応なく自分の誕生日会への期待感は煽られていった。

半年ほどの月日が流れた。寒さのピークが過ぎ、少しずつ夕暮れの時間が遅くなることに春の気配を感じるようになる頃、待ちに待った3月がやってきた。3月に入った途端、オレはもうソワソワし始めていて、母親に何度も「誕生日、頼むで！」と念押しをしていた。

しかし、この時オレは大事なことを忘れていた。父親も母親も給料日は毎月25日だったのだ。当日を迎え、居間の机の上に準備されたものを見て、オレは一瞬自分の目を疑った。そこには確かに山盛りになった料理があった。

照りのある赤とマットなサーモンピンクの2色のコントラスト、裾の方から外巻きにカールする独特の造形。そう、タコさんウインナーだ。あのお弁当の人気者、タコさんウインナーが重なり合いながら山積みになり、机の上で異様な存在感を放っている。だが、なんだか様子がおかしい。あたりを見回しても、他の料理の気配がない。もちろんケーキなど見る影もない。

そう、オレの誕生日会のために母親が用意してくれた精一杯のご馳走、それは山盛りのタコさんウインナー、ただそれだけだったのだ。

「こ、こんなんちゃう!!」「タコさんウインナーこんなに誰が食うねん!!」

オレは自分の中で出来上がってしまっていたイメージとはかけ離れたその光景に、ふと「これ、友達に見られたらヤバい!!」と思い、咄嗟に誕生日会の中止を考えた。しかし時代はまだ昭和。今のようにLINEですぐに連絡して……なんてできるわけがない。約束はあくまで数日前に時間や集合場所もきっちりと決め、よほどルーズなやつ以外はきっちりその時間にみんなが集合する。

案の定「来てくれるな、来てくれるな」と念じるオレの思いをよそに、ほどなく家の外で声がした。

「カワバタくーん！」

1人、2人と集まりだし、やがて声を掛けていたみんなが揃った。1人ずつ居間に通すたび、みんな山盛りのタコさんウインナーを見て、一瞬止まるのを感じる。

「えっと……今日は他になんかあんの……?」との友達の戸惑いの声に「ないねん……」と肩を落としながら応じるオレ。それでも友達は、そのタコさんウインナーを「美味しい、美味しい」と食べてくれていた。こんなにも友達の優しさが胸に突き刺さったことは後にも先にもなかったかもしれない。

友達が帰ってから、オレは泣いた。母親に「なんであんなんやねん！」と当たりもした。この時は全然理解できなかったけど、今思うと給料日前でいつもならパンの耳と味噌汁が夕食でもおかしくない時期だというのに、食べきれないくらいのタコさんウインナーがあったのだ。母親は母親なりにオレの無茶なお願いに本当に精一杯で応えてくれたのだろう。

電気のない年越し

貧乏が染みた経験といえば、オレが小学校の3、4年生くらいだったこの頃、クリスマスから正月休みが終わるくらいまでの期間、ずっと停電をしていたことがある。

日本はちょうどプラザ合意後の不景気から1980年代後半のバブル景気へと向かう直前で、大阪の町工場では倒産が相次いでいた。都会では資産価格の上昇が始まり、テレビの中では電飾に彩られた並木道が映し出されるが、工場で働く父親が大黒柱である川畑家は絶好調に貧乏だった。

停電自体は、普段からよく起こっていた。送電線のトラブルなどではなく、もちろん電気料金の滞納によるものだった。だが、電気が使えなくても水道と違って命に直結するわけじゃないし、冬でも石油ストーブがあるから暖は取れるし凍え死ぬことはない。いつもは「別にいいやん」くらいに思っていた。

停電になると、父親がオレと次男にコードリール、いわゆるタイコを渡して「行って来い！」と指令を出す。するとそれを受け取ったオレ達は、フェンスを乗り越え隣の市民プールに忍び込み、プールサイドの建物に設置された雨避けのついた屋外用コンセントにプラグを挿し込む。コードを伸ばしながらまたフェンスを乗り越えおもしろハウスに戻ると、タイコのコンセントに炊飯器のプラグを挿してご飯を炊いた。冷蔵庫も優先順位の上位だった。

もちろん喜んでやっていたわけじゃない。やっちゃいけない事だっていうことは理解していたし、後ろめたい気持ちもあった。でも、背に腹はかえられなかった。

この年のクリスマスもそうだった。

「おい、成児《せいじ》行ってこい」

停電するなり、父親はタイコをオレに渡した。次男と「しゃーないから行こか」と渋々家の外に出て、寒空に冷え切ったフェンスをよじ登った。無事にミッションをこなして、その日も温かいご飯を炊いた。

料金の滞納が原因の停電なので、もちろん次の日もタイコ頼りだった。だが、家族団欒をしながらテレビを見ていると、急にブラウン管のテレビがブチッと音をたてると共に、部屋の電気が消えた。暗闇の中、オレ達は思わず顔を見合わせた。

「まさか……バレた……」

その日はもう電気を諦めて、次の日にまたフェンスを越えた。タイコのプラグを確認すると、やはり抜かれている。おそらく管理人に気付かれたのだろう。「こんな真冬やのにプール管理するんや……」などと思いながらまたカバー付きのコンセントにプラグを挿して家に戻る。だが次の日にやっぱりプチッとテレビが消える。こんなイタチごっこが2、3回続いた。

気づけばもう大晦日も間近の29日。クリスマスの余韻もすっかり見る影はなく、いそいそと正月の準備に切り替わる頃だった。「そろそろ諦めてくれへんかな」なんて思いながら、すっかり日課になってしまったフェンス越えをしてコンセントのある建物の方に目をやると、何か様子が変だ。違和感を覚えながら次男と一緒に建物に近づくと、そこにあったはずのコンセントがない。昨日までは、雨よけカバーの付いた屋外用コンセントが確かにそこにあった。しかし今そこには、金属のプレートが貼り付けられて、のっぺらぼうになっている。

オレ達があまりにもしつこいので、プールの管理人が屋外用コンセントを撤去するという大胆な手に出てしまったのだ。「うわうわうわうわ！　どうしよ……」と次男と青ざめた顔を見合わせたものの、これはもうどうしようもない。アウトだ。

オレ達家族は、結局この年は電気のある生活を諦め、暗闇の中で年越しをすることにした。でも、オレは別にそれでもよかった。なぜなら、みんなが揃って正月を迎えられるのだから。明かりがなくても、温かいご飯が食べられなくても、冷凍庫の氷が溶けても、家族がいる。温もりがある。と、思っていた。

大晦日、友達と初詣の約束をしていた次男を、友達がおもしろハウスまで迎えに来た。真っ暗なおもしろハウスを見て「あれ？　川畑おる？」なんて声が外で聞こえて、「おるで～」と次男が出る。次男の友達が「え、どうなってるん？」と聞くと次男は「停電してるねん」とあっさり答える。

次男の友達は声には出さなかったものの、「かわいそう」という哀れみを含んだような目をしていたのをオレははっきりと感じてしまった。

その時、初めて知った。「貧乏って、こんな感じで見られるんや……」ってことを。

貧乏でも、己の気の持ちようで毎日は楽しい。これはオレがレゲエと出会ってから数年暮らしたジャマイカでもそうだった。停電は当たり前だし、シャワーのお湯が出ないのも当たり前。自分がどんな環境に置かれていようとも、その環境をどう楽しむかが大事。この考えは今も変わらない。

だが、その環境にいない人からすると、その状況だけで「かわいそう」となったりする。貧乏そのものは辛くともなんともなかったが、この視線は刺さった。はっきりと、貧乏ってツライなって思った。

この時かもしれない。オレが将来は絶対に稼げるようになろうって思ったのは。

大量の豚がどんぶらこ

この頃オレは次男や近所の友達と、父親の働いていた工場の前でよく遊んでいた。すぐ横にはライギョを釣っていたあの川がある。ある日、その川の上流から薄いピンク色の何かが流れてくるのが見えた。その何かがまだ遠くにある事を考えると、かなり大きい。それも1つや2つではない。川を埋め尽くすほどの大量の薄ピンクの塊がゆっくりと流れてくる。

「え!!　桃ちゃうん!?」

オレは素直にそう思った。川に駆け寄ったオレ達は、ガードレール越しにその塊へと目をこらす。近づいて来るにつれ、それがおとぎ話のような牧歌的な状況でないことをすぐに悟った。

「え……豚やん!!!」

流れてきていたものは、大量の豚の遺体だった。川の水面が一面、豚、豚、豚でパンパンになっていた。外傷などは見て取れなかったが、死後硬直して脚をピンとしたまま横になっていたりするのもあって、それが全て絶命した状態にあることはすぐにわかった。

ざっと数えただけでも、50匹分はある。それがまるでアヒルのおもちゃかのように川の流れに乗って近づいてくる。水量のそんなに多くない川なので小さな中州ができていたりするが、そこに引っかかったりして、スムーズに流れることができずにいるものもあり、妙に滑稽に思えた。

しばらく呆気に取られていた。この豚達は、いったいどこからきて、どこへゆくのだろう。いや、行き先はどうせ海だ。調べるなら「どこからきて」の部分だろう。非日常のドキドキ感を感じながら、オレ達は自転車に跨った。この川の上流に養豚場でもあっただろうか。

周囲の施設を確認しながら川沿いを遡り、1時間ほど走ると狭山池《さやまいけ》という大きな池に出た。家の前の川は、日本最古のため池である狭山池から流れ出ていたことをこの時初めて知った。

だが、養豚場らしきものはその道すがらのどこにも見当たらなかった。狭山池に流れ込む川に可能性がないわけではなかったが、もしそうだとすればあんなに一度に流れてくることはないだろう。一度に流れてくるのだったら、狭山池自体が豚で埋め尽くされないといけない。一瞬想像して、気持ち悪くなってやめた。この謎は結局今でも解けていない。

この時も次男と一緒だったが、よく思い返してみると、次男といると不思議な体験をすることが多かったように思う。

施設に入る前、まだ東大阪の団地に住んでいた時に、近所のおばちゃんが狐に憑かれて、駐車してある車の下に潜み、何かに怯えるように這いつくばりながら唸り声をあげ、外の様子を窺っているのを目撃した時も一緒にいた。

あとこれは一緒に見ることができなかったが、次男はコビト、いわゆる〝ちっさいおっさん〟も２度目撃している。

１度目はおもしろハウスの１階の居間にあったテレビとタンスの間の隙間、そこにいた〝ちっさいおっさん〟と目があったらしい。慌てて２階にいたオレを呼びに来てくれたが、オレが下りた時にはすでに姿を消していた。

２度目は次男が中学生になり、その時すでに家を出ていた長男が使っていた１人部屋を自分の部屋として使っていた頃。長男が天井付近に吊り下げたまま残していったサーフボード、その上に出現した。ご丁寧に、両手を広げバランスを取るようなポーズをしていたそうだ。隣の部屋に居たオレを、「サーファーのコビト出た!!」と血相を変えて呼びに来たときは、少し心配もした。

だが日本には大昔から、一寸法師のモデルとなったといわれるスクナビコナという小さな神や、コロポックルなんかの伝説も残っている。あながち全てを幻覚や見間違えだと切り捨ててしまえるものでもないのかもしれない。

義足のお爺ちゃん

おもしろハウスに引っ越して数年ほどが経った頃のことだった。母親に連れられ、兄弟揃って電車に乗った。向かった先は名古屋のとある病院だった。なんでも母親のお父さん、つまりオレのお爺ちゃんが入院していて、片足を切り落とす大手術をするのだという。オレはこの時に初めてお爺ちゃんの存在を知った。

というのも、オレの父親と母親は共に九州の生まれで、駆け落ち的な感じで大阪に出てきていたらしくて、そのため親戚付き合いもほとんどなく、父親の兄妹である伯父や叔母に会ったのも孤児院に入る前の親族会議の時が初めてだった。父方のお爺ちゃんはオレが生まれる前に亡くなったらしい。

父親と同じようにアル中だったそうだ。

長崎に生まれた母親の方は幼い頃に自分の母親と兄と妹を亡くして、オレのお爺ちゃんである父親と2人の父子家庭で育った。オレが名古屋で初めて会ったのはこのお爺ちゃんだった。

糖尿病の影響だったのか何かの菌にでも感染してしまったのか、子どもだったオレは最後まで何故だったのかわからずじまいだったが、初めて会った時には左足がひどく壊疽してしまい、もう足の付け根から切り落とすしかないという状況だった。

手術は無事成功して、しばらく入院した後は病院から出て、大阪・泉州の熊取《くまとり》というところにある老人ホームにいた。何度か様子を見に行ったが、当時の熊取駅の駅舎のボロボロさと、駅前の喫茶店で食べさせてもらえるオムライスが楽しみだったこと、あとその喫茶店で席についたまま注文もせずにテーブルに備え付けられた砂糖を舐めているオッサンを見ながら「変わった町やなぁ」と思っていたことを覚えている。

美原から熊取はかなり遠くて通うのも大変で、しばらくしてその施設を出て、最終的には美原の老人ホームに入ってもらうことになるのだが、それまでの数年間をおもしろハウスで一緒に暮らした。

片足しかないのに2階がお爺ちゃんの寝室で、いつも大変そうに階段に腰を掛けながら腕で支えて器用に1段1段上り下りしていた。オレと次男の寝室も一緒で、お爺ちゃんから将棋や花札、囲碁を教えてもらって、よく一緒に遊んでもらった。

オレはお爺ちゃんの福祉用具でもよく遊んだ。車椅子はもう早くから乗りこなしていて、BMXとかで言うところのウィリーやジャックナイフなどのメイクも決めていた。腰から装着する義足も無理矢理腰に巻きつけて、3本足にして歩いていたりするのを見て、お爺ちゃんもケラケラ笑っていた。

普段は仲良くしているのだが、一度だけ傷つけてしまったことがあった。

オレが仰向けに寝転がりながらベビースターラーメンを食べていたら、勢い余って顔にぶちまけてしまった。思わず「もったいなっ！」と拾って食べていたら、「きちゃない！」とお爺ちゃんが普段足代わりにしている杖で頭をどつかれた。

オレは「うっさいな！　死ね!!」などとひどい捨て言葉を吐いて家を飛び出した。しばらくウロウロした後に家に戻ると、お爺ちゃんがいない。母親から事情聴取を受け、もうめちゃくちゃ怒られた。お爺ちゃんはどうやらあまりにショックで、自殺しようと車椅子に乗り出て行ったらしかった。たまたま帰宅途中の兄が見つけた時には、懐にナイフを忍ばせていたらしい。

お爺ちゃんが戻って来て、オレはちゃんと謝った。人に対して、「死ね」などという言葉を簡単に投げてはいけないなと深く反省した。でも、大人になったオレはいまだにその言葉を吐いている。お爺ちゃん、ごめん。

犬に憑かれた次男

お爺ちゃんと一緒に寝ていたある日、オレはまた次男にまつわる不思議な体験をした。

寒い日が続く冬のことだった。その頃おもしろハウスでは２匹の犬を飼っていた。元々はあの時代はまだまだ見かけることの多かった、街角でダンボールに入れられている捨犬、あれを別々に拾ってきて育てたものだった。白い雑種のハクがオレの担当で、茶色い雑種のモモコが次男の担当。首輪をつけて、おもしろハウスの敷地内に立てた柵の中で半分放し飼いのような感じで飼っていた。

ある日、２匹の犬が突然姿を消した。朝目覚め、いつものように餌をやろうとしたのだが、柵の中のどこを探してもいない。まさかと思い敷地の外を調べると、通りに出てすぐのところで、車に轢かれて変わり果ててしまったハクの姿を見つけた。

オレはショックを受けながらも、すぐにきちんと弔った。しかし、モモコの方がどうしても見つからない。もしかすると保健所に連れて行かれたのかもしれないという話になり、問い合わせてみた。

「モモコって書いた首輪をつけてるんです！」

しかし保健所の担当者は、条件に当てはまるような犬は引き取っていないという。「モモコ……どこ行ったんや……」となりながら、暗くなるまで思い当たるところを探して回ったが、結局その日は見つかることもなく、夜になってしまった。もしかすると明日には戻ってくれるかもしれないと、淡い期待を抱きながら、その日は床についた。

探し回った事による疲れで、いつもよりも深く眠りについていたところを、「おい成児……成児……」と小声でオレを揺り起こすお爺ちゃんの声で目覚めた。

「成児、あれみてみ！」

そう促すじいちゃんの指の差す方に、うずくまる次男らしい影があった。こちらに背を向けていて、顔は見えない。その影は猫のように指先を丸めた手でストーブの鉄柵を引っ掻いて、「ギャン！　ギャン！」と不気味な音を鳴らしている。顔がぼんやりとオレンジに照らされている。

次男であることは間違いなさそうだ。ただ、なぜだか意識があるようには見えない。脇を締めて両手を前に出すようなポーズのせいで、何かの動物の形態模写でもしているかのように見える。「どしたん……？」と戸惑うオレの横で、お爺ちゃんが「コラァ！」と大きな声を出した。するとその影は不意に、ぴょん！　と跳ねるような奇怪な動きで次男の布団に戻り、額の辺りまで毛布を被った。

「お兄ちゃん⁉　お兄ちゃん⁉」とオレは肩を揺らし、次男の意識を確認しようとした。

「う……ううーん……ん？　どした？」

次男はまるで今日覚めたかのようで、それまでの数分間の出来事を何も覚えていないようであった。これが話に聞く夢遊病というやつだろうか。オレは不審に思いながらもその日はまた眠りについた。

モモコは次の日も戻ってこなかった。だがその夜、「成児成児……見ろ見ろ……」と昨日と同じぐらいの時間にお爺ちゃんに起こされた。

　まさかと思ってストーブの方に目をやると、次男が昨夜と同じようにストーブの鉄柵を掻いている。オレがまるでタイムリープしたかのような不思議な感覚に襲われていると、お爺ちゃんがこれまた昨日と同じように、「コラァ！」と声を掛ける。すると次男は予想通りにぴょん！　と自分の布団に潜り込んだ。オレが次男を起こすと、やはり何も覚えていないようで、「え……なんなん……めっちゃ怖いやん……」と怯えている。

　こんなことが、数日間続いた。次男はもう眠りにつくのも怖くなっているようだった。オレは「どうしたら治るんやろ」と心配しながらも、毎晩お爺ちゃんに「成児……成児……」と起こされるのが面倒臭くもなっていた。

　１週間ほどが経った昼下がり、オレはお爺ちゃんと花札をしていた。お爺ちゃんから教わった花札もかなり上達し、生意気にもお爺ちゃん相手にお金を賭けていたのだが、その日は２０００円ほど勝ち、無邪気に喜んで踊るように家の外へ出た。

　その時、家の床下の20㎝ほどの空間が目に入った。「あれ？　モモコもしかしてここにいたりするんちゃうん」と覗き込むと、奥の方に何かの影が見える。段々と闇に目が慣れてくると、それはもう動かなくなったモモコの姿だった。モモコがなぜそこにいたのかはわからない。何かにびっくりして奥に入り込み、出られなくなってしまったのだろうか。

　そしてその日から、次男の深夜の奇行はパッタリとおさまったのだった。

「あ、オレ、グレよっと」

お爺ちゃんとは数年一緒に暮らしたが、オレが小学校の4年生になった頃、家庭の事情でお爺ちゃんはおもしろハウスと同じ美原町にあった老人ホームに入ることになった。初めの方はよく顔を出しに行っていたが、次第に訪れる回数が減っていった。

というのも、そもそも両親が共働きで家に不在なことが多く、お爺ちゃんも家に居ないようになったことで、大人の目がないのをいいことに、オレは段々と家で父親のタバコを吸ったり、学校をサボったり、まぁいわゆる不良少年への道を歩み始めてしまったのだった。

長男はすでに中学校を卒業して1人暮らしを始めていたので、空いた部屋に入った次男は、学校から家が近いのもあり放課後によく友達を家に招いていた。おもしろハウスはすっかり不良中学生の溜まり場と化していて、オレはその環境の影響をもろに受けてしまったのだ。

隣接していた中学校とは違い、小学校までは子どもの足で家から20分ほどはかかった。友達と過ごすのは好きだったから学校自体は嫌いじゃなかったが、通学が面倒に思えて、その日の気分で行ったり行かなかったりした。

いや、正確に言えば、それでもある日まではなかなか真面目に登校していたのだ。元来オレは、その時すでにグレていた長男と次男2人を見ながら「オレはあんな風にはならないでおこう」と心に決めていた。だがある日を境に、「やっぱグレたんねん！」と心変わりをしたのだ。

当時、オレの住んでいた美原町の給食の献立には、冷凍のクレープが出る日があった。オレはそれが大好きだった。

その日、クラスに1人休みの生徒がいて、どこの小学校でも見られるような争奪戦が起こった。「給食早く食い切ったやつが食べていいぞ〜」と担任の先生が言ったので、オレはもうそれぞれのおかずを味わうこともなく、急いで食べ切った。だが、ちょうど3人くらいが同じタイミングで食べ切ってしまい、クレープを前に「どうする？　どうやって決める？」となってしまったのだ。

オレは、もうどうしても食べたかった。じれったかった。次の瞬間、オレはもう、クレープに食いついていた。こうなったらもう「早いもん勝ちや！」と思ったのだ。するとそれを見ていた先生が「お前どこで食べてんねん！」と少し甲高い声で怒鳴りながら、オレの頬を思いっきりビンタしたのだ。

叩かれた頬に手を当てながら、その時思ったのだ。「あ、オレ、グレよっと」と。

次の日から、もう小学校に登校しても、周囲の目を盗んでは非常階段でタバコを吸う日々が始まった。ある日それをまた担任の先生に見つかって、「お前どこでタバコ吸ってんねん！」といつもの甲高い声で叱られた。初めて親も呼び出され、母親も一緒に怒られた。

この時、先生に「お前煙を……肺に入れてたんか！　それともふかしてたんか！　どっちやねん!!」

と問いただされたのだが、オレは「そこ……そんなに大事？」と戸惑ったのを覚えている。

先生にキツく怒られたことにより、先生に見つからないようにすることだけは今まで以上に気を遣うようになったものの、オレがタバコをやめることはなかった。それどころかオレの不良少年化はその後どんどん進み、小学校６年生になった頃にはもうシンナーにまで手を出すようになっていた。

シンナーとは本来、塗料などの粘度を下げて塗りやすくするために薄め液として使う有機溶剤全般のことを指し、トルエン系、酢酸エステル系、アルコール系などのものがあったりする。このシンナーに使うトルエンは、揮発性が高く、鼻を突く独特な〝化学の臭い〟がするのだが、吸い込んでいると酔っ払ったような感じで楽しくなってきて、そのうち幻覚を見たりするようになる。だが中毒性がある上に、頭にも体にも、とにかくめちゃくちゃ悪くて、最悪の場合は死に至ることもある。

オレが育った昭和の後半から平成の初頭くらいまでは、これを吸い込んで酔っ払うのが、全国の不良の中でめちゃくちゃ流行ってしまっていて、大人達はこのことを〝シンナー遊び〟呼んで、もちろん法律でも禁止していた。

販売についても色々と規制されていたはずだが、この頃はまだ色々ゆるかったのか、ちょっと探せばトルエンの含まれたものを、小学生のオレでも比較的簡単に手に入れる事ができた。

最初は近所にあった、とある自転車屋さんだった。パンク修理用のトルエン入りのゴム糊、たしか５００円くらいで販売されていたやつだと思う。これと、スーパーのサッカー台によくロールで備え付けてある、魚とか豆腐を入れるビニール袋、これを入手する。

ゴム糊をビニール袋の底に捻り出して、ビニール袋の口の部分を自分の親指と人差し指に巻きつける。ゴム糊から揮発してきたトルエンを逃さないように袋の中に溜め、それを吸い込むわけだ。この吸い方を〝ニール〟という。きっとビニールから来ているのだろう。パーカーなんかの袖を少しダボつかせて、ゴム糊の溜まったビニール袋を袖の中に仕舞い込んでしまうとあまり人目につかなくなるので、ニールは携帯にも便利だった。

このニールに使うのは、ゴム糊以外にも色々なものがあり、赤ボンドや黒ボンドと呼んでいた接着剤もよく使った。あと当時コーナンなどのホームセンターで売っていたラッカーなどの中にはトルエンを使用しているものがまだたくさんあって、きちんと成分表などを確認しながら、トルエンを含有しているものを選んで入手していた。

バイクに興味を持ち出したのもこの頃だった。先輩がどこかから盗んできた原付を乗り回して遊ぶようになったり、当時よく暴走族が出没していた大阪中央環状線辺りに、集会を見学するために行ったりしていた。

今は各地の条例で禁止されていたりするからもう見かけなくなったが、こういう暴走族を見学するために集まる人々のことはギャラリーと呼ばれ、当時はなかなか盛んだった。みんなは沿道から声援を送ったりするのだが、オレはだいたい袖に仕込んだニール片手に静かに眺めていた。

しかし不良少年といっても、小学生の間はこれでもまだ可愛いもので、中学校に入った辺りからもうタガが外れたようにエスカレートしていくようになっていった。

第3章 中学

入学式で変形服を没収される

中学校は先にも書いた通り、オレが住んでいるおもしろハウスの真横にあった。正門から入ろうと思うと徒歩5分ほどだが、庭からフェンスを乗り越えさえすれば徒歩0分の距離。

それまで兄が通っていたのもあって2、3年生の中には付き合いのある先輩もいっぱい居たし、オレの通っていた小学校とは違うもう1つの学区から通う奴らの中には、元々兄の友達の弟として出会った友達もいた。だから、中学校に通うのをオレはけっこー楽しみにしていた。

それに、オレは兄や兄の友達から、大量の変形服を受け継いでいた。

変形服とは、長ランや短ラン、ボンタンやドカンといった名で呼ばれるアレだ。当時は専門店があったりして、それぞれの型に名前がつけられていたりした。

当時のオレのお気に入りは、ただでさえ短い短ランをさらに短くした、ボタンが4つの〝湘南爆走族・桜井モデル〟の短ランと、〝湘南爆走族・晃モデル〟のハイウエのボンタンだった。ボンタンは裾の部分にファスナーを取り付け、通常よりさらに絞り、ニッカポッカ風にアレンジしたりしていた。

入学式の時点ではまだこういったオリジナリティーは出す前だったが、おさがりの変形服でも十分に嬉しくって、何度も試着しながら、入学式の日を心待ちにしていた。

ようやく訪れた入学式の当日、オレはずっと着るのを楽しみにしていたおさがりの変形服を身に纏い、金に染めた髪も気合を入れてビシッとセットした。短い通学路を歩き、学校へむかった。このまま入学式を迎える……はずだった。

校門近くの掲示板に張り出されたクラス分けを確認し、どんなやつと一緒のクラスになるのかなと、期待に胸を膨らませながらクラスへ続く廊下を歩いていると、不意に誰かに呼び止められた。声のした方に目をやると、そこにはムキムキに鍛え上げられたカラダで、片手に竹刀を携え、屋内だというのにサングラスをした、もうマンガから出てきたかのような生活指導の先生が立っていた。

「こいつや……兄ちゃんの言ってたやつ……」

オレと入れ替わりに卒業した次男から、やばい生活指導の先生がいることを聞いていたオレは、ひと目見てすぐにこの人がそうだということを察し、無駄な抵抗はさけた。

どこの学校もまだ荒れていた時代だ。入学式早々変形服で登校してくるような生徒は、どうやらあらかじめマークされていたらしい。オレはそのまま生徒指導室に連行されると、入念にセットした金髪を洗われて七三に分けられ、黒彩スプレーを吹き付けられた。おさがりの変形服も没収され、なぜか用意されていた標準服に着替えさせられ、そのまま自分のクラスに一歩も踏み入れる事なく、校門をくぐった際とは全く違う姿で入学式に出席することになってしまった。

没収された変形服は、そのまま生徒指導室に保管され、返してもらえなかった。だが、オレには兄からのおさがりだけでなく、その友達からもらったおさがりも豊富にあったので、次の日からはまた変形服で登校をした。どれだけ大人に怒られようとも、一切懲りないオレの中学生活はこうして始まった。

バイクとトルエン

1学期が始まるなり、オレは絵に描いた不良少年のように振る舞うようになった。

授業中の教室でタバコを吸っているのなんて可愛いもので、みんなが勉強している机の上を歩き回ったり、窓を割って回ったりして授業妨害をした。自分のクラスに飽きると、同学年の全てのクラスを巡回しては、文字通り授業にお邪魔をしていた。

普通は1年生がこんな感じで振る舞っていたりすると、上級生の不良にシメられたりするものだが、上級生の不良はほとんどが中学入学前から付き合いのある人達ばかりだったので、オレが多少目立つことをしてもヤキを入れられたりするようなことは一切なかった。

この頃、ようやく自分の原付を手に入れたのもあって、バイクや暴走族への憧れはどんどん強くなっていった。

ある日、よくツルんでいた友達のお兄ちゃんから、とある有名な暴走族の集会があるという情報をキャッチした。そのお兄ちゃんは暴走族に所属しているわけではなかったが、当日の集会に参加するのだという。オレは居ても立ってもいられなくなってしまい、その友達のお兄ちゃんに頼み込み、友達と共にそれぞれ手に入れたばかりの原付でついていかせてもらった。

着いた先は、堺の南港辺りの埠頭だった。そこには今まで見たことのないくらいの量の単車と、特攻服にリーゼントやアイパーでバッチリ決めた、5、60人ほどのカッコイイ不良達が集まっていた。オレはもうめちゃくちゃ興奮した。

程なくして、集団暴走が始まった。改造された単車の直管マフラーが一斉に唸りを上げる。爆音が鳴り響く中、オレと友達はその後方を原付で着いていった。周囲を包む轟音で聞こえるはずもないのだが、自分の心臓の音が聞こえたような気がした。

天王寺辺りまで差し掛かった頃、突然聞き覚えのあるサイレンが鳴り響き、カンテラこと赤色警告灯があたりを不気味に照らした。白バイの登場だ。これはその日の集団暴走が終了する合図でもある。交通機動隊が現れると、それまでの隊列を組んでいた単車の群れはそれぞれに違う方向に走り出し、白バイの追跡を撒きながら散り散りになりそのまま解散するのが習わしだった。みんな慣れたもので、次々に隊列から離れ大通りから脇道に逸れて消えていく。

だがオレと友達は初めての経験だったし、バイクも50ccの原付でスピードも出せない。しかもそもそも最後尾について行っていたから、逃げ切ることができなかった。人生で初めて、警察のお世話になったのもこの夜だった。

取調べでは、オレは断固何も話さなかったのだが、一緒にいた友達は刑事の厳しい追及に耐え切ることができなくて、知っていることを洗いざらい話してしまった。後で聞いた話では、バツの悪いことに、そのせいで数人の逮捕者が出てしまったようだ。

ただ、そんな思い出も含めて、オレにとっては忘れられない一夜となったのだった。

こんな経験をしたのもあって、バイクへの興味はどんどん増すばかりで、それまで乗っていたディオやジョグなんかの50ccの原付では物足りなくなって行った。といっても、もちろん買えるようなお金があるわけじゃなかったから、オレはどんどん手を汚していった。

80ccのバイクを手に入れると、すぐに次は150ccの単車が欲しくなって盗む、そして次は250ccの……というように段階を踏みながら排気量の大きなものを求めるようになり、やがて400ccのCBXまで辿り着いた。だが、正式名称をCBX400FというこのHONDAの名車は、当時不良少年の憧れの的で、やっとの思いで手に入れて、人目につかない所に隠していても、しばらくするとすぐに盗まれてしまうのだった。

ちょうど愛煙家の100円ライターやコンビニのビニール傘のように、パクリパクられ色んな人の思い出の中のひと時を行き交う存在。それが当時のCBXだった。

シンナーとの付き合い方も、中学に入ってからはすっかり変わっていた。また小学生の時に散々お世話になった、ニールで吸うボンドやラッカーにはもう手を出さなくなって、もっぱらトルエンだけを楽しむようになっていた。

通称〝純トロ〟や〝スリーナイン〟と呼ばれる、純度99・9％以上トルエンの、混ぜ物のない液体状の有機溶剤、オレ達はそれのことを指して単に〝トルエン〟と呼んでいた。これを185㎖のコーヒー缶に入れて口に咥える。ラッカーみたいに臭くないし、そもそもトビ方が違う。一度トルエンを覚えると、もはやラッカーなんかに戻れる気がしなかった。中学生にもなってニールでボンドなどを吸っているやつを見ると「やばいな、お前」と、それまでの自分のことは棚に上げて蔑んだ目を向けたものだ。

ただ、このいわゆる純トロにあたるトルエンはいわゆる危険物のため、当時から免許がないと購入することはできない存在だった。もちろん中学生なんかが免許など持っているわけもない。ではどうやって入手するのかというと、大体は建設現場からくすねて来るのだ。

建設現場には塗装などを始め様々な用途で使うためのトルエンが準備されている事が多かった。建設現場を見つけると夜な夜な忍び込み、トルエン16ℓ入りのブリキの一斗缶、通称〝トーカン〟ごと持ち帰って来る。そしてそれをオロナミンCの瓶に小分けして販売する。

当時オロナミンCは蓋がスクリューキャップだったため、開閉が可能で、小分けしたり少量ずつ使用したりするのに便利だった。販売するときは「Cビン1本でいくら」みたいな表現をして取引をする。

小学生の頃はライギョを売って稼いでいた可愛いオレは、中学生になるとすっかり売人まがいのことに手を出すようになっていた。

ちなみに現在、オロナミンCの蓋が他の清涼飲料ではあまり見かけないマキシキャップと呼ばれるリングタブを引っ張って開栓するタイプに変わっているのは、この方法でトルエンを取引する少年があまりに増えて社会問題になったからだと聞いた事がある。

もう1つよく使っていたのが、リッターと呼んでいたコカコーラの1ℓの瓶だ。1・5ℓのペットボトルに取って代わられるまで、広く流通していたもので、これも開閉ができるスクリューキャップだったため、小分けがしやすかった。

Cビンは持ち運びがしやすく、だいたい2、3回で使い切る量しか入らないが、リッターだと20回分くらいにはなる。量が多い分少しお買い得な値段をつけ、手を出しやすくして、効率よく捌くことを心掛けていた。

貧乏不良少年の進路

中学校時代のオレは、本当にどうしようもなくて、悪さばかりを重ねていた。

言い訳をするわけではないが、環境がそうさせたところはあったと思う。もちろんそのころ流行っていた不良モノのドラマやマンガの影響もあったが、それよりも、数年前からすっかり不良の溜まり場になっていたおもしろハウスで暮らしてきたオレは、すっかり善悪の基準がバグってしまっていた。

いつだって、いわゆる社会的な正義ではなく、自分の生きている小さな社会での正義の方を優先して過ごしていた。その正義はひどく歪んだモノで、とにかく身の回りの権力を持っている大人、先生や親、警察などに反抗するのが、オレ達にとっての正義だと思っていた。

まぁ簡単に言えば、オレ達はみな「悪いことできる奴ほどかっこいい」と思っていたのだ。だから、不良度の高い悪さをするやつは周りからリスペクトされたし、万引きひとつをとっても、なるべく大きなモノ、例えば家具や電化製品なんかをパクってくる奴が一番尊敬されていた。

そんな状況だから、善悪の基準がとっくにバグってしまっていたオレは、平気な顔でめちゃくちゃなことをするので、学校の中で一際目立つ存在となっていった。

やがて授業を妨害していても、ほとんどの先生は匙を投げてしまい、注意してくることもなくなった。女性の英語の先生なんかは、オレ達に背を向けたまま、黒板に板書をしながら泣いていたのを今でも覚えている。中にはガミガミ言ってくる先生もいたが、そういう先生には階段で後ろから蹴り落としてしまうようなひどいこともしたし、校内暴力で、新聞沙汰になってしまうようなこともあった。

中学校はオレのせいですっかり学級崩壊し、生徒指導の先生からは「お前はこの学校のガンや」と、なかなかハードな言葉を浴びせられたりもした。

学年が上がっていくと授業妨害にも飽きて、次第に朝から学校へ行くことも少なくなっていった。たまに行ったとしても、そもそもオレはクラスメイトと一緒に授業を受けることすら許されなくなっていた。

朝のホームルームが終わると、ひとり生徒相談室に隔離され、先生から配布されたプリントを取り組むように指導をされるのだ。かといってもちろん真面目に取り組むわけもなく、授業終了後のホームルームまで、ただただ時間を潰す毎日だった。

それでもそれなりに学校に通っていたのは、終わりのホームルームで友達と合流して、放課後一緒に遊びにいくためだった。決して勉強はまともにしていたとは言い難いが、友達と会えるので、学校自体は嫌いではなかった。

だが中学校に通うようになって3度目の春、オレはバイクで事故をした。左膝蓋骨骨折、つまり左足の膝の皿を割ったのだ。しばらく通院生活が続いた。膝の皿を割ると、4週間くらいは添木をしたまま膝を曲げられない生活が続く。そこからまた数週間のリハビリ生活が待っており、完治までは約3ヶ月かかることになる。

リハビリを終え、やっと普段通りの生活に戻れると喜び勇んだオレは、あろうことかその当日にバイクに乗り、再び事故を起こしてしまった。そしてまたしても、前回と同じ左膝の皿を割ってしまった。オレの顔を見て、病院の先生は「また来たん⁉」と少し呆れた顔を見せた。

そこからは、やはり1度目と同じ治療期間がかかってしまい、合計するとおよそ半年もの時間を、不自由な療養生活に要してしまった。

そんなことをしていたので、いくら中学校がおもしろハウスから近いとは言っても、脚も痛いし、学校に行ってもどうせ隔離されるからと、学校に行くのが面倒になって次第に通わなくなった。

おもしろハウスの2階にあるオレの部屋は、中学校のグラウンドから丸見えだったから、ところどころ禿げて赤錆の出た緑のネットフェンス越しに、生徒指導の先生がよくオレを呼びに来た。

今はもうそんな無茶なことをする先生もなかなかいないと思うが、オレが部屋にいるのを見越して、窓に向けて小石を投げる。渋々オレが2階の窓をガラガラッと開けると、「川畑ぁ！　学校来いよー！」と呼びかける。

改めて考えると、熱のあるいい先生だったなと思う。でもその時のオレは絶賛反抗期中だったわけで、その熱さも、うざったいなと感じていた。

窓を開けた時に、ふと気付いた事があった。それまで毎日やかましく鳴いていたアブラゼミの声が聞こえなくなっていた。季節は、すでに秋になろうとしていた。

ほどなくして学校に顔を出すと、少し雰囲気が変わっていた。オレは少し戸惑いを覚えたが、よく考えたら当然のことで、中学校3年生の2学期といえばみんなそれぞれに進路のことで頭がいっぱいな時期だ。普段から真面目に授業を受けている生徒はもちろんのこと、オレがよくツルんでいたようなやんちゃな奴らでさえ、そのほとんどが進学のことを意識しながら生活していた。

この時点で、進路の方針すら決まっていなかったのはオレくらいだったらしく、すぐにオレも担任の先生から進路に関する面談を受けた。

「お前どうするつもりなん？」

オレの兄弟は、長男も次男も進学することはせず、中学校を卒業するとともに働いていたので、「オレくらいはちゃんと進学しておきたいな」と考えていた。そのことを先生に伝えると、予想外の反応が返ってきた。

「え⁉　いや、無理無理無理無理‼」

オレが、「え……無理なん……？」とショックを受けていると、少し考えて先生は続けた。

「私立なら可能性あるかもしれん」

たしかにマンガなどの設定上でも不良だらけの学校なんて無数にあるし、実際に不良の先輩が行った学校とかも実際にあるのを知っていた。「なるほど、そういうパターンもあるのか」と納得したオレは、早速願書と学校の資料が一緒に入った大きな封筒を先生から受け取り、家に持ち帰るなり母親に見せた。

おもむろにその資料に目を通し出した母親だったが、あるページに目をやった途端、ここでも予想しなかった反応が返ってきた。

「え⁉　無理無理無理無理!!!」

オレはよく見ていなかったので母親に言われるまで知らなかったが、入学手続時納入金、授業料、施設・設備費、諸経費などで合わせて１００万円ほどの費用がかかる事がそこに書かれていたようだ。

翌日、オレは先生に伝えた。

「親に相談してんけど、お金が全然無理やわ……」

先生は「そっかぁ……ほんなら専門学校はどうや？」と言っていくつかの専門学校の資料を見せてくれた。その資料をパラパラとめくっていると、１つ気になる学校があった。T調理師専門学校という、大阪では有名な、料理人を育てるための専門学校である。オレは、「料理人になったら食いっぱぐれもないし、食べるものがなくてもなんでも作れるやん！」と浅はかに考えた。だが昨日のことを思い出し、その資料の入学金などの欄に目をやった。オレは叫んだ。

「いや、無理無理無理無理!!」

知っている人も多いと思うが、専門学校の入学金は高い。そこには私立の高校の約3倍、３００万円ほどの金額が記載されていたのだ。

オレは両親に相談するまでもなく、専門学校への受験を諦めた。

オレが「はぁ……やっぱり進学は無理なんか……もう大人しく就職するしかないんかな……」と気を落として数日過ごしていると、先生が「お前な、それならもう手に職つけたらどうや？」と、当時松原市にあった松原高等職業技術専門校を紹介してくれた。いわゆる職業訓練所の1つであるこの施設には、自動車・車体整備科があり、整備士の免許を取る事ができた。

単車好きだったオレは「たしかに整備とかできたらええなぁ……食いっぱぐれもせえへんやろし」と思った。しかもそこは、専門学校とは違って学歴にならない代わりに、お金があまりかからないのだという。これはもうバッチリだと思い、「先生！　オレそこ行く！」と即答した。

ただ、職業訓練所にも試験はちゃんとあるらしく、ペーパーテストと面接を受けないといけないらしい。授業をまともに受けていなかったオレだったので、試験にはあまり自信がなかったが、先生が言うにはかなり簡単なものらしい。

オレは家に帰ると、そのことを両親に話し、職業訓練所への願書を出すことにした。川畑少年14歳の、秋の暮れのことだった。

10万円でスケートボードを買う

一時期は狭い家に7人も人が住んでいたおもしろハウスだったが、オレが中学校に入った頃になると長男に引き続き次男も家を出て1人暮らしを始め、父親と母親とオレの3人での暮らしになっていた。

住み始めた頃は手狭だった家は、その頃と比べると広く使えるようにはなっていたものの、貧乏な暮らしなのには少しも変わりはなかった。ただ、自分の1人部屋が確保できるようにはなっていたので、オレはしばしばその頃付き合っていた女の子を家に招くようになっていた。

オレにとっては当たり前の環境であったおもしろハウスだが、彼女にとってはきっとなかなかにびっくりするような環境だったと思う。でもみんな優しかったからなのか、嫌な顔をする子は誰一人としていなかった。

中学3年生の頃、めちゃくちゃ裕福な家庭の女の子と付き合っていたことがある。

家を訪ねると立派な屋根には鬼瓦が睨みを利かせ、漆喰で塗り固められた塀はそびえるように高かった。正面玄関はお寺の門のように屋根のついた凄い門構えだし、漆喰の塀を伝って歩くと、裏口や勝手口もある。典型的な昔ながらのお金持ちの住むお屋敷といった風情のその豪邸の門をくぐると、丁寧に剪定《せんてい》された松の木などがある大きな庭がある。庭には池があり、カラフルな錦鯉が悠然と泳いでいる。母家と離れ家を繋ぐ廊下の横の中庭には、オレの背丈よりも大きな石灯籠が設置されてあり、庭の景色を引き立てていた。オレの彼女は、そんな家で育った、いわゆるお嬢さんだった。

この女の子とのことで思い出深いのが、お正月明けの出来事だ。

貧乏なオレの家では、幼い頃から、お年玉をもらえる時ともらえない時があった。父親が真面目に仕事に行っている時期と行っていない時期で収入にムラがあったからだ。中学生になっても、両親からそれぞれ５０００円もらえたりすると、「おっしゃー‼」と大層に喜んでいたくらいだった。

親戚付き合いもなかったから、あとは親の仕事仲間がたまに１０００円とか２０００円とかをくれたりするくらいで、どれだけ多くても総額で１万５０００円くらい。それがオレにとってのお年玉の常識だった。

冬休みが終わり、お正月明けに友達同士で集まるとみんながする典型的な話題「お年玉いくらもらった⁉」という会話に花を咲かせていた時のことだ。みんなだいたい２万円から３万円が相場で、５万円もらったやつがいると「お前すげえな！」と羨望の眼差しを向けていた。

ふと会話の流れで、その時付き合っていた、その豪邸に住む女の子に「なんぼ貰ったん？」と訪ねると、予想もしなかった答えが返ってきた。

「今のところ13万！　でもまだ会えてない親戚がいるから、まだ増えると思う！」

屈託なく答えるその女の子の言葉を、オレはしばらく理解できずにいた。「それ……オレの親の月の給料やん！　嘘やろ……」と唖然としていると、なんとその女の子は、「川畑くんこれ使って」とそのお年玉の内から、10万円をオレに手渡してくれたのだ。

今だったら考えられないことだが、「なんか欲しいもん買って」という彼女の申し出を、オレは迷いなく喜んで受け入れた。オレにはもう、その女の子が神様に見え、両手の掌を合わせ拝みたくなるような気持ちだった。

オレはそのお金で、当時興味を持ち出していたスケートボードを購入した。スケートに興味を持ち出したのは兄の影響だった。

オレがバイクの事故で膝を怪我してあまり学校に顔を出さなくなった頃から、それまで毎日のようにツルんでいた学校の友達がみんな、進学のための受験勉強を優先するようになり、オレはひとりで過ごす時間が増えるようになった。

ちょうどその頃、兄がスケートにハマり、おもしろハウスへの入口のところの道路に友達と集まっては滑るようになっていた。兄はとっくに仕事をしながら1人暮らしをしていたが、アスファルトで舗装されているのに交通量は少ないおもしろハウス前は、スケートの練習にはちょうど良く、仕事を終えると毎日のようにスケーター仲間とそこに集まっていたのだ。

初めはなんとなく暇潰しに眺めていたオレだったが、次第に「オレも滑ってみたい」と思うようになっていた。

付き合っていた女の子から分けてもらったお年玉でスケートボードを手に入れたオレは、兄達に混ざってスケートの練習に熱中した。学校の友達が受験勉強で、一緒に遊ぶことのなくなった時間を、すべてスケートにつぎ込んだ。今まで知らなかった新しい遊び方にすっかりのめり込んでいった。

そんな中、おもしろハウスの前で滑っていたスケーターの1人が聴かせてくれた音楽がレゲエだった。

オレはそういう音楽のジャンルがあることすら知らず「ふーん、そんな音楽があるんや」といった程度の感想だったが、その人が言うには今スケーターの中で流行っている音楽ということだった。

当時のオレは、中学で流行っていたブルーハーツなどは歌詞に不良心をくすぐられて聴いていたりしたものの、音楽に対して強い興味を持ったこと自体がなかった。洋楽を聴いているやつら全般に対して、「歌詞の意味もわからんのに、流行っているからってこれがカッコいいとか言ってるやつ、何をイキっとんねん!」と偏見を持っていたので、レゲエに対しても同様に、その時点で興味を持つことはなかった。

職業訓練所の試験

中学生活も終わりに近づき、中学校の友達と過ごすのも後わずかとなる2月の頃、秋頃に願書を出していた職業訓練所の入学試験があった。試験日の当日、試験会場に着くと、そこにいるほぼみんながヤンキーだった。見た目に似合わず、それぞれに少し緊張した面持ちをしている。

ほどなくしてペーパーテストが始まった。その内容は、オレが想像していたものよりもはるかに簡単な物で、「問1、1mの布があります。この布を30㎝ずつ切断すると、30㎝の布何枚と何㎝残りますか?」といった感じの、小学校の算数レベルのテストだった。「さすがにこれはオレでもわかる!

楽勝や！」と思いながら問題に取り組んだ。無事テストを終え、面接もこなした。手応えはあった。

翌日学校に行っても「これはもう、受かったな」と確信していたオレは、学校の友達に「オレ高校行かれへんから職訓行くねん」と話していた。

職業訓練所の合格発表の日、学校の友達みんなで見に行くことになった。この時期になると、とっくに進路を決め、暇をしている者も多く、十数人が集まった。大人数でぞろぞろと合格発表の場所に向かう道すがら、みんなちょっとした遠足気分でワイワイしていた。もちろんオレの合格を疑うものなど誰もいない。

オレは手元の受験番号と、合格者の番号が書かれた掲示板を照らし合わせる。左上から順番に数字を追って行く。

「……」

どうやら見逃したようだ。もう一度左上の若い数字から確認していく。ない、ないのだ。掲示板のどこを探しても、オレの手元にある数字と符合する数字がない。思わず大きな声が出た。

「無い!!」

周りの友達が驚いて一斉にオレの方を向く。

「え？　職訓落ちるやつおるん？」

その驚きも当然だ。オレも聞いた事がない。

オレはさすがに落ち込んだ。テンションは見事に下がり、よくマンガであるような、タテ線が顔に入ったような気がした。会場から学校に戻る間、ついてきてくれていたみんなも行き道とは打って変わって賑やかさを失い、すっかり口数少なくお通夜のような雰囲気を醸し出していた。

学校へ戻るなり、先生がオレに気づき、ことさら大きな声で「川畑！　どうやった⁉」と聞いてきた。これはもう、明らかに良い返事以外を想定していない声色と表情である。完全に、オレが試験に受かっているものだと信じている。

オレが「いや……落ちたわ」と答えると、「え⁉　職訓落ちるやつおるん⁉」と、ひときわ大きな声を出して驚いた。オレはさらに落ち込んだ。

オレが中学校を卒業するのが1992年。それまでのバブル経済が崩壊を始め、資格も持たない中卒がやすやすと就職できる環境ではなくなりつつあった。

いくつか当たってみたものの、いい返事をもらう事ができず、オレが「どうしよう……」と悩んでいると、次男が「オレんとこ来たら？」と声をかけてくれた。次男はその時〝軌道屋〟と呼ばれる鉄道工事の会社で働いていた。オレは「そこ行く！」と即答し、中学校を卒業してすぐに次男と同じ鉄道工事の会社で働くことになった。

第4章
邂逅

一夜にしてレゲエの虜になる

中学校3年の終わり頃から、父親の働いていたおもしろハウスの隣にある工場で手伝いをしたり、ちょっとしたバイトをしたりしたことはあったものの、きちんと腰を据えて働くのはこの軌道屋の仕事が初めての経験だった。

軌道屋の仕事を始めた頃、オレはすっかりスケートにハマっていた。軌道屋の仕事は朝が早い分、まだ明るいうちに帰宅することもできた。だからそんな日はおもしろハウス前に集まるスケート仲間と共にひたすらスケートをしていた。ただ、週末になると、オレはひとりだけで滑っていることが多かった。

兄を含め年上のスケート仲間達はみんな、以前にも増してレゲエにハマっていたようで、毎週末のようにレゲエのクラブに出かけていた。そのため、週末は遊び疲れておもしろハウス前にもなかなか集まってこない。

当時のオレにとって、クラブといえばテレビでたまに目にするような、ケバケバしいお姉さんがお立ち台の上で扇子を振って踊っているところ、くらいのイメージしかなかったので、行ってみたいとも思えず、兄やスケート仲間に誘ってもらってもついて行こうとしなかった。だが、そのせいで週末になると、オレはどうしてもひとりぼっちで滑っていることが多くなってしまっていた。

スケートというものはひとりで滑るものなので、もちろんひとりでも練習はできるのだが、ひとりだとやっぱりいまいち楽しくない。

兄はそんなオレを見かねたのか、「お前も一緒に来いや。絶対楽しいって！」と誘ってくれていた。あまりしつこく誘ってくるので、オレはそんなに気乗りはしないままだったが、しぶしぶ兄達についていくことにした。

そうして訪れた初めてのクラブは、アメ村（アメリカ村）にあったJugglin Cityという所だった。当時このクラブの人気はものすごく、真夜中にも関わらず会場の前は長蛇の列で、入るまでに2時間もかかった。それまでまともに列に並んだこともないし、そもそも夜中に出歩くと母親がうるさいからと、おもしろハウスの2階の窓から抜け出してその場にきていたオレにとっては、これがまず衝撃だった。

エントランスでは、もちろん年齢確認などがあったが、当時はそう言った部分がまだゆるく、あらかじめしていた打ち合わせどおりに3年ほどサバを読んだ生年月日を伝え、問題なくパスすることができた。フロアから漏れ聞こえてくる低音と、中で焚かれていた、当時皆がインセンと呼んでいたお香の香りが、オレを異世界に迷い込んだような気分にさせる。

エントランスを抜けてすぐの階段を駆け上がり、2階の通路を歩くと、インセンや香水とも違う、初めて嗅いだガラムの甘い香りが鼻を突いた。人混みを通り抜け、今度はさっきとは別の、1階にあるフロアへと繋がる階段を下りた。そこで、オレは衝撃を受けた。

その空間は、オレにとってまさに異世界だったのだ。

まず、何mもの高さに積み上げられたスピーカーから放たれる、内臓が揺さぶられるような低音だ。今までも何度か聴いたことのあったレゲエが、ラジカセで聴いていたのとは全く違う、凶暴な音となって鳴り響いていた。そのスピーカーが設置されたフロアは、おしゃれなお兄さんや、綺麗に着飾ったお姉さんで埋め尽くされていた。特に、クラブ独特の薄暗さの中、肩や胸元が大胆にカットされた服を着たお姉さん達は、みんなめちゃくちゃ可愛く見えた。耳からぶら下げた大きな輪っかのピアスを揺らしながら、キラッキラの笑顔を見せているのが印象的だった。

年齢はみんなだいたい20歳~25歳くらいだったろうか。男も女も、オレの一番上の兄よりも年上の大人がほとんどだ。何百人もの大人達が、曲に反応して一斉にジャンプしたり、サビを大声で合唱したり、子どものようにはしゃいでいた。オレにとっては、これが一番衝撃だった。

それまでオレが知っている大人といえば、両親や学校の先生、それに不良の先輩くらいのものだった。どれだけ学生時代にヤンチャしていた不良も、大人になると仕事につき、すっかり落ち着いていく人達ばかりだった。

だからオレは、その日まで大人は〝遊ばないもの〟だと思っていた。野球の応援で大声を出したり、ギャンブルに一喜一憂したり、酒場でマイクが回ってきたからと十八番をひとつ歌うようなことはあっても、こんなにも楽しそうに、こんなにもはしゃぐことがあるのだということを知らなかったのだ。だから、大人になったら、つまらない日々が待ち受けているものだとばかり思いこんでいた。

だが、目の前の大人達はまるで子どものようなキラキラした笑顔で遊んでいた。

「なにこれ……オレの知らんかった世界、こんなに楽しいん⁉」

この日体験したものは、全てが新鮮で、全てが衝撃だった。レゲエによって生み出されたこの空間を構成していたもの、その中のひとつでも欠けていたら、そこまでハマらなかったのかもしれない。だがオレはこの日の現場で受けた衝撃によって、すっかりレゲエの虜になった。

次の日からは、レゲエに詳しい兄のスケーター仲間から、沢山の曲とアーティストを教えてもらった。まるで魔法にでもかかったかのようだった。聴く曲聴く曲すべてがかっこよくて、以前に聴かせてもらった時にはなんとも思わなかったような曲でさえ、一旦現場の洗礼を受けているオレにはもう全く違う輝きを放つ音楽となっていた。

不良少年だったオレはこうして中学生活の最後にスケートにのめり込み、それをきっかけに次第にレゲエという音楽を知り、ハマっていった。気がつくと、オレは中学生の時に手を染めていたような単車の窃盗や集団暴走、万引きやシンナーなどからすっかり離れていた。

今考えると、レゲエに出会っていなければ、そんな風にきっぱりとやめられていたかどうかもわからない。その意味では、レゲエを教えてくれた兄の友達のスケーターは、オレにとって人生の恩人と言っても過言ではない存在となった。

レゲエの面白さを知りのめり込んでいくさなかも、もちろんスケートの練習はずっと続けていた。上手くなってくると、やがておもしろハウス前の道路だけでは物足りなくなって、兄やそのスケーター仲間と共に近くの公園で練習をするようになった。その公園には、学区外の地域からも色んなスケーターが集まってきていて、その中にはオレと同じように高校に行かずに就職した同い年の奴もいたりして、すぐに意気投合した。この後、一緒にＲＥＤ ＳＰＩＤＥＲを結成する、ＲＥＤ ＫＥＮＮＹやＫＵＲＡの姿もその中にあった。

この公園でひたすら練習した後、兄やレゲエを教えてくれた恩人のスケーターと共におもしろハウスに集まり、玄関先に板を並べて、オレの部屋で話をするのがいつもの流れになっていた。スケートの話、レゲエの話、夜遅くまでいろんな話をした。楽しい日々だった。

だがそんな日々も、ある日をきっかけに終わりを告げた。

いつものようにオレの部屋で話し込んでいると、恩人のスケーターが「じゃあ、オレ帰るわー」と言って、少し早めにおもしろハウスを後にした。翌日になり、オレが今日もまた滑りに出かけようと思うと、玄関先に置いていていた板がない。

「あれ!? 板ないやん！ え？ これパクられてるやん！」

その日はおもしろハウスに泊まっていた兄にも確認したが、もちろん行方は知らないし、それどころか兄の分の板も見当たらない。その日はもう1人別のスケーターの友達が泊まっていたのだが、その人の板もない。

「あいつちゃうん⁉」と、一旦は昨日の夜に先におもしろハウスを出た恩人を疑い、本人に確かめてみた。もちろん、「パクってるわけないやん！」と一蹴された。そりゃあそうだ、疑って申し訳なかった。

犯人はわからないが、まぁそこそこ高価な板を玄関先なんかに放置していたオレ達も悪い。盗まれたものはもう仕方ないので、諦めてまたコンプリートを購入した。コンプリートとは、デッキ、デッキテープ、トラック、ウィール、ベアリング、ビスのスケートボードを構成する6つのパーツがセットになった物だ。これを組み立て、やっと見覚えのあるスケートボードの状態になる。オレらが板と呼んでいたそれだ。それからはしばらく、この新しい板で滑っていた。

近頃ではオリンピックの競技にもなり、徐々に市民権を得てきた感のあるスケートだが、当時はまだまだ世間の理解も「スケートなんて不良のするもの」みたいなイメージだった。だから当然スケートパークのある場所なんてごく僅か。

オレらがやっていたのは、オリンピックの競技で言うと〝ストリート〟に近いもので、公園とかにあるベンチや階段、手すりなどを使いながら滑るものだった。そういった構造物を使って遊ぶので、同じところで滑ってくると次第に飽きてくる。だからスケーター仲間から手頃な構造物のある場所の情報を仕入れては、ちょっと遠出して滑りに行くようになっていた。

おもしろハウスで盗難にあってから数ヶ月経ったある日、普段オレ達があまり滑りに行かない所に滑りに行くと、例の恩人のスケーターの姿があった。オレの顔を見るなり、なぜか気まずそうに、そそくさと帰り支度を始めた。その時、恩人がその日使っていた板がチラッと見えた。その板は、見紛う事なき、オレが盗まれたスケートボードだった。オレが中学3年生の時に付き合っていた女の子のお年玉から分けてもらった10万円で手に入れた、オレにとって初代になる板だった。

「やっぱパクってるやん!!」

あの日盗まれた3枚の板は、やはりすべて彼が盗んでいた。全てがめくれたその日、彼はオレにとって恩人から盗人に成り下がってしまったのだった。

イケイケ少年のレコードプレイ

軌道屋の仕事を始め、やがてレゲエにハマりだしたオレは、どうしても自分でレコードを掛けてみたくて、軌道屋の仕事の給料でターンテーブルを手に入れた。1989年に発売したばかりだった名機、〝Technics SL-1200MK3〟を2台。DJミキサー、レコード針やヘッドホンなどとセットで当時20万円弱した。

軌道屋には正社員として雇ってもらっていたので、初任給の一部を頭金にして無事にローンを組むこともできた。

ターンテーブルは手に入れたものの、当初はまだ人前でプレイすることなんて考えてもいなかった。とにかく知り始めたレゲエが面白くて、7インチのレコードを集めて、聞くだけでよかった。買いたてのターンテーブルでDJの真似事みたいなことを1人で楽しんでいた。

ちょうど同じくらいのタイミングで、中学校の同級生のやつがターンテーブルを手に入れて、オレと同じようにレコードを集め出していたので、お互いに貸しあったりして、レゲエの曲に対する理解を深めていっていた。オレはひと月に3～4万円分くらいレコードにつぎ込んでいたので、1ヶ月ごとにだいたい50枚くらいレコードを集めている計算になる。数ヶ月もすると相当な量のレコードが集まっていた。

この頃になるとイベントにも頻繁に行くようになり、特に平野区の喜連瓜破《きれうりわり》駅すぐ近くにあった、エイリアンスポットという箱でやっていたイベントには毎週末通うようになった。

そのイベントをやっていたのは、NG HEADとPAM PAMの結成したBIG BANGというクルーだった。当時このイベントはすごくて、RED PRINCE、TERMINATOR、ROCK DESIRE、MIGHTY CROWNなどBIG SOUNDのプレイを初めて見たのもこのイベントだった。

オレは毎回年齢を誤魔化しながら毎週通っては、最前列でDJブースにかぶりつくようにして見ていた。最前列にいたのは、自分の知らないかっこいい曲がかかった時に、タイトルとアーティストを覚えるためだ。ターンテーブルの上で回っているレコードの動きに合わせて頭を動かしながら、レコードのラベルにクレジットされた曲名とアーティスト名を必死になって読み取る。それに失敗した場合は、プレイが終わった後にレコードを回していた人に声をかけ、「さっき5曲目にかけてた曲なんですか⁉」と直接聞いたりもした。

当時はなんせ情報の少ない時代だったので、みんながこうやって曲を勉強していた。

こうやってイベントに通っているうちに「オレもイベント出たい！」という気持ちが湧いてくるようになった。レコードはもうかなり集めていたので、オレは思い切って、PAM PAMことカツ君に声をかけた。すでに常連だったオレのことを、カツ君も顔くらいは覚えてくれていたようだった。いきなり「オレもエイリアンで回したい」と言うオレに、カツ君は「いや、どんなんできんの」と返した。「そらそうやんな」と思ったオレは、咄嗟に「見てください」と答えた。そしてそのまま、間髪入れず「どこで？」と返すカツ君に「家で！」と答えてしまった。その場の勢いで、カツ君とNG君を自宅に招いてしまったのだ。あの、おもしろハウスに。

この時まだ15歳でアホだったオレは、もうイケイケだった。そんなオレのお願いを断りもせずに家まで来てくれたカツ君とNG君を前に、オレは1時間ほどレコードプレイをした。

プレイを終え、「どうでした？」と聞くと、2人は「んーっ」と渋い顔を見せた。「そらそうやんな、そら、な……」とオレは思った。このふわーっとした流れのまま、その日は解散となった。もちろんその後オレがエイリアンスポットでのイベントに呼んでもらえることはなかった。

今思うと、我ながらなかなか強烈すぎる。もう数十年レゲエサウンドをやっているが、あの時のオレほどむちゃくちゃなアピールをしてくる若者には未だ出会ったことがない。

この頃、オレの生活の面でも大きな変化があった。半年ほど続けた軌道屋の仕事を辞めることになったのだ。

中卒のオレを正社員で雇ってくれていることには感謝していたし、オレとしてはもっと続けていくつもりだった。だが、ある出来事がきっかけで、オレはこの仕事を辞める以外の選択肢を考えられなくなってしまった。

仕事にもだいぶ慣れてきたある日のことだ。その時オレが入っていた現場は、ＪＲ尼崎駅のあたりだった。今は綺麗になった尼崎駅周辺だが、当時は今からは想像できないほどに劣悪な環境で、なかなかな言葉にし難い雰囲気が漂っていた。

軌道屋の仕事は昼と夜の2部制だったが、オレはまだ15歳のため労働基準法の関係で夜勤ができず、毎日早朝から昼過ぎくらいまでの勤務だった。だいたい朝は6時に集合してから現場に移動し、途中休憩や昼食を挟み、15時か16時くらいに解散する。

ある朝、いつも通りに現場に着くと、現場監督から普段とは違う作業内容が言い渡された。

「昨日の夜、貨物列車に犬が轢かれた。犬の死骸が散らばってしもてるから、綺麗にしたってくれ」

轢かれてしまった犬の遺体自体は、夜中の内に夜勤の人達が処理をしたそうだが、衝突の衝撃でバラバラになり、小石くらいのサイズになってしまった肉片が、まだそこら中に散らばってしまっているらしい。

オレは「そんな作業もオレらがするんや」と気が進まないながらも納得し、作業に入った。だが、線路の方からホームに入ると、たくさんの花が置かれている。違和感を覚えた。「犬でこんなに花とか置くんかな……」

花束が1つ、とかじゃない。ある一角に、積まれるようにして置かれている。ただ、そんなことを考えていても仕方がない。オレはゴム手袋をはめ、ゴミ拾い用のトングで、その犬の肉片らしきものをゴミ袋に片付けていった。数人がかりで1時間ほど作業を続け、拾い残しがないことを確認して詰所に戻ると、現場監督から塩を渡された。「えっ⁉　塩⁉」と戸惑ったが、とりあえず言われた通りに塩を手に擦り付けるようにして洗った。洗っていると、現場監督が続けた。

「さっきのな、実は犬ちゃうねん！　人間の破片やねん！」

最初に抱いた違和感は、間違いじゃなかった。昨夜にホームから飛び込みがあり、亡くなられた方がいたそうだ。

当時15歳のオレはその瞬間、「はい、やめるー!!」と決意し、さっさと軌道屋の仕事をやめたのだった。

紅蜘蛛からRED SPIDERへ

カツ君とNG君への猛烈アピールが不発に終わり、「エイリアンでやるん、ハードル高いわ」と判断したオレだったが、「イベントで回したい！」という気持ちはおさまることがなかった。

そんなオレを見ていた当時の彼女が「自分でイベントとかしたら？」と言い出した。確かにオレだけでもかなりの数のレコードがあったし、レゲエ好きのスケーター仲間の持っている分と併せれば、一晩やるには十分な量に思えた。「それええな！」と言ったオレは、すぐに当時一緒に遊んでいたスケーター仲間で相談して、自分達のイベントを開催してしまうことにした。

いくつかの箱をあたったところ、当時堺東にあった〝筋肉ホール〟というライブハウスが、箱代7万円くらいでオールナイトのイベントをさせてくれる事になった。

場所が決まったので、早速フライヤーの制作に入りたいところだったが、よく考えるとオレらにはまだ名前がなかった。そこで咄嗟につけた名前が、レッドスパイダーズだった。今の名前とは違い、最後に〝ズ〟が付いている。たったそれだけで、今考えると妙にダサく感じるが、この時はサウンドの名前というよりも、レゲエ好きのスケーター仲間のクルー名といったニュアンスだった。

由来はオレが中学生の時に一緒に走らせてもらっていた暴走族、紅蜘蛛からだった。当時オレらの地域では、「暴走族は中学を卒業してからでないと入れない」みたいなものがあり、一緒に走ったりはしていたものの、オレは紅蜘蛛のメンバーにはなれなかった。初めは「卒業したらオレも入れてもらおう」などと思っていたが、卒業を迎える頃にはバイクよりもスケートに興味が移るようになり、紅蜘蛛に入ることはなかった。だが、紅蜘蛛のメンバーには仲の良い年上も多かったし、新しく入った同い年の仲間も沢山いたから、「道は違えど志は同じ」みたいな気持ちを込めて、レッドスパイダーズと名付けたのだ。

ちなみに紅蜘蛛のメンバーは、そう名乗り出したオレ達を認めてくれて、この時以来その後何十年にもわたってオレのことを応援し続けてくれるありがたい存在へとなっていった。

オレは自分達のクルー名を決めると、次はイベントの構成を考える作業に移っていった。イベントをやるからには、ショータイムみたいなものも必要だろう。ショータイムを作るからには、当然歌い手が必要だ。だがこのイベントはまだ身内のパーティーみたいなノリのものなので、ゲストアーティストを連れてきたりなんてできるはずがない。

そこで、レッドスパイダーズの中から、だれかを歌い手として出演させようということになった。だがこの時はみんなセレクターに憧れていたため、だれも手を挙げようとしない。そこで、渋々ながらジャンケンで決めることにした。結果、ジャンケンに負けたのは兄だった。レゲエディージェイS

ＩＬＶＥＲ ＫＩＮＧの誕生である。

ちなみにオレはこの頃から、元々のあだ名であったジュニアをセレクター名として名乗るようになった。

イベントの内容が固まってきたところで、見様見真似で手作りのフライヤーとチケットを作った。チケット代金は１０００円。レッドスパイダーズとして動き出したメンバーそれぞれが、学校の時の同級生やバイク仲間、スケーター仲間、職場の友達などを当たりながらチケットを買ってもらった。

幸いみんな友達は多かったし、この頃は同年代の奴がこういったイベントを開催していること自体が珍しかったのもあって、初主催にも関わらず筋肉ホールに２００人ほどのお客さんを集める事ができた。

内容なんてまだひどいものだったと思う。ＭＣもこの時はまだ、ジャマイカの言葉である〝パトワ〟で、ジャマイカのレゲエサウンドがＭＣで使うフレーズをなんとなく真似しただけだったし、曲と曲のミックスだってミスだらけだったはずだ。だけど、すごい充実感だったのは覚えている。それに、色んな経費を差し引いても、たった一晩で十数万もの利益を出すことができた。

この時15歳だったオレは「これで飯食ってけるやーん‼」と思った。この時が初めて音楽を仕事にすることを意識した瞬間だった。

オレは軌道屋を遺体処理の一件でやめて以来、色々なアルバイトをした。土方、鳶、大工、鉄筋、バスユニット屋、テラスとかの柵をつけるアルミ屋の仕事、飲食店などに業務用の冷蔵庫などの厨房機器を入れる仕事、本当に色々やったが、どれもこれも長くは続かなかった。コロコロ職を変えるオレを見ながら、両親も「なんやコイツ」とか思っていたと思う。

当時中卒で15、16歳のオレを雇ってくれるところなんて、力仕事くらいしかなかった。こんなことを言うのもなんだが、力仕事はやはりしんどい。朝早くから働いて、終わる頃にはカラダのそこら中が痛くなるくらい酷使しても、1日の日当が1万くらいだった。

それに比べて、初めてのイベントを開催して、十数万。ビックリした。なんの苦労もせず、友達呼んで、音楽をかけて、自分の好きなことしかやっていない。今となれば、メチャクチャ浅はかな考えだったなとは思うが、「好きな事をして食っていけるんかもしれん」と思えた。

そこから、本格的にレゲエをやっていく事にした。どんな仕事も長く続かなかったオレだったが、この時から、レゲエだけはずっと続けていくのだった。

ただ、この後2回目、3回目、と場所を変えながらイベントを主催していくのだが、当然筋肉ホールでのイベントに来てくれた友達が毎回来てくれるわけもなく、オレ達のイベントは回を重ねるごとにお客さんが少なくなってしまった。最初は物珍しさで友達みんなが見に来てくれたが、逆に言うとその時に全ての友達が見に来てくれているような状況だったので、後は減る一方だったのだ。

オレは「そらそうやんな」と思った。さすがにそんなに甘くはない。今まで来てくれているお客さんは、あくまで誰かの友達ばかりで、いわゆる一般のお客さんは1人も来てくれていない。もっと一般のお客さんを集めて、新規の人が来てくれる状況を作らないと、ジリ貧になっていくばかりだ。

ではなぜ一般の人が来てくれないのか。まず可能性として考えられるのは、やはりイベントの存在が知られていないことだろう。

そう考えたオレは、とにかくそれをどうにかしようと、色んなレゲエのイベントに顔を出しては、手作りのフライヤーを配って回った。

そして、そうやってイベントを回っている中で、気づくことがあった。人気のあるサウンドが掛けている曲をよく聴いていると、聞き覚えのある曲のリズムトラックがオレの知っているものとは違ったり、曲の中に今プレイしているそのサウンドの名前が登場したりするのだ。どうやらそう言うレコードのことをダブプレートというらしい。日本人アーティストのリリースされていない曲が掛かっていたりするのも、どうやらこれのようだった。

ダブプレートとはアーティストがサウンドに提供するエクスクルーシブ音源のことである。レゲエ独特の文化で、アーティストがそのサウンドのためだけに録音をする。市販の既存楽曲とは違い、多くの場合は歌詞にサウンドの名前などを織り込みながら一種の替え歌として仕上げる。リズムトラック、いわゆるカラオケの部分についても原曲とは違うものにすることが多く、それについてはサウンドの方が指定する。

このダブプレートはレゲエサウンドにとって1番の武器とも言えるもので、かっこいいダブプレートをどれくらい持っているかが、そのサウンドの評価に直結する。

オレはそんなダブプレートの存在を知り、「これや！」と思った。オレ達がダブプレートを持っていないから、どれだけ本気でレゲエをやっているかが周囲に伝わっておらず、一般のお客さんが来てくれないのではないか、そう考えたのだ。

そこでオレは、早速初めてのダブプレートを録ることにした。初めてのダブプレートを録るアーティストはすぐに決まった。オレがよく通っていた喜連瓜破のエイリアンで何度も見ていたNG HEADだ。NG君がライブでよく歌っている曲を、オレ達のために録音してもらおうと考えた。

ただ、簡単に録るといっても、何をどうすればいいのか、さっぱりわからない。録音の時使うリズムトラックは、7インチのレコードの裏面に収録されている「Version」、いわゆるカラオケ音源を使えばいいらしいが、録音のためのスタジオはどうしたらいいいか、機材などはどうすればいいのか、何もかもわからないことだらけだった。

オレは思い切って、そういった面も含めてNG君に聞いてみることにした。「ダブを録らせてもらいたいんですけど、スタジオとかってどうしたらいいですか?」とオレが相談を持ちかけると、NG君は当時堺にあったQuestion Recordというレゲエ専門のレコード屋を指定してくれた。

そこはオレも何度か行ったことのあるレコード屋で、ダブ録音のための機材を揃えた簡易のスタジオを併設していた。

録音というと、今は小規模なところを含めてほとんどのスタジオが完全デジタル化されていて、ＰＣに入れたPRO TOOLSなどの音楽編集ソフトを駆使し、録音した部分を貼り合わせるように編集していく方法が一般的だ。録音自体も1曲を小分けにして歌ったりもできるし、ダブルボイスという声を重ねて厚みを出す作業も簡単にできる。

だがこの時代はそういったソフトどころか、ＰＣでさえも一般に普及するようになるよりもっと前だ。Question Recordのダブ録りスタジオの設備はとても簡素なものだった。スタジオ全体が簡易な防音室になっており、そこに録音のためのマイクと、レコードを掛けるためのターンテーブル、ミキサー、それと音源を録音するためのデジタルオーディオテープ〝ＤＡＴ〟のレコーダーが揃えてあった。

オレはここで、ＮＧ君が当時ライブでよく歌っていた楽曲4曲を、自分達用にリリックをカスタムしてもらい、録音させてもらった。

ターンテーブルで「Version」を掛け、それに合わせてＮＧ君に歌ってもらい、それをＤＡＴレコーダーで直接に録音していく。まさにライブアンドダイレクトだ。

もし途中で噛んだり歌詞を間違えたりすると、最初から録音をやり直すしかないので、絶対にミスができない。必然的に、いわゆる一発録りしか許されなくなるので、録音の際はすごい緊張感が漂った。

この時録音したダブのひとつが、「ゴルゴ13」という曲だ。当時ヒットしていたBOUNTY KILLER

の「CELLULAR PHONE」という曲のフロウを大胆にサンプリングした楽曲で、ＮＧ君の初リリース曲ともなった楽曲だ。オレはこの曲を「CELLULAR PHONE」と同じ〝Peanie Peanie〟Riddimで録音をした。

この後、オレのサウンド人生の中で何百回、何千回と繰り返す事になるダブセッションだが、これがその第一歩だった。

ちなみにオレ達は、この時にはもうスケーター仲間の〝レッドスパイダーズ〟からレゲエサウンド〝ＲＥＤ ＳＰＩＤＥＲ〟になっていたので、この曲がＲＥＤ ＳＰＩＤＥＲとして初めてのダブプレートということになる。

モンキーさんと出会う

ＮＧ君のダブを録った際、このQuestion Recordに併設されたダブスタジオで、この後オレにとっての恩人となるある先輩と、初めて話をすることができた。

それは、モンキーさんこと、ＲＥＤ ＭＯＮＫＥＹだ。創世記とも言える、80年代末から90年代初頭の大阪レゲエシーンを支えたＤＥＥＪＡＹである。

モンキーさんは、たまたまスタジオの様子を覗きに来たようだった。以前から何度か見かけたことはあったのだが、話をしたのはこの時が初めてだった。オレは緊張しながらも「ダブ録らせてもらいたいんで、連絡先教えてください！」とお願いし、電話番号を教えてもらった。

オレがモンキーさんを初めて見たのは、当時毎週通っていたエイリアンスポットのイベントだった。ゲストとして登場したモンキーさんは、凄まじいオーラを放って見えた。

モンキーさんは、１９９２年に日本コロムビアから発売されていたコンピレーションアルバム『HARD MAN FI DEAD』に楽曲が収録されていた唯一の大阪人で、オレはこの頃、当時まだ珍しかった日本人によるレゲエを収録していたそのＣＤをめちゃくちゃ聴き込んでいた。だからエイリアンスポットのイベントでモンキーさんが出てきた時、「うわっ！　この人ＣＤで聴いてた人やん！」と感動を覚えながら、握手をしてもらおうと思って近づいていった。

だが近づくと、モンキーさんが放っていたのはオーラだけではなかった。その日モンキーさんは銀色のジャケット、銀色のパンツに銀色の靴を履いていたため、クラブのスポットライトを反射させ、まさに全身から鈍く光を放っていた。オレは間近で見たモンキーさんのそのいでたちに、なかでもハクション大魔王の履くプーレーヌのように先を尖らせながら反り返る銀色の靴に、なにか呆気に取られてしまって、声をかけるタイミングを失ってしまったまま朝を迎えてしまった。

次にモンキーさんを見かけたのは、以前に Question Record に来た時だった。オレはＮＧ君のダブ録りの前から、大阪南部で数少ないレゲエ専門のレコード屋だったこの店に何度か訪れていた。

来る時はだいたいいつも初期のRED SPIDERメンバー、RED KENNYと一緒で、2人乗りしてきた単車を店の前に停める。モンキーさんはこの頃、Question Recordのすぐ前で服屋をやっていて、よく店先でレゲエ仲間達とたむろをして、立ち話をしていた。オレがバイクを停め、レコード屋に入ろうとすると、一瞬モンキーさんと目が合う。

オレからするとスターなので「うわ！　モンキーさんおる！」と緊張して挨拶もできずに目を逸らし、そそくさと店に入っていた。後から聞いた話によると、モンキーさんはモンキーさんの方で、「うわ！　野良ニンゲンみたいなやつきた！」と思っていたらしい。

確かにその時のオレ達は目つきも悪かっただろうし、着るものにお金を使うくらいなら1枚でも多くのレコードが欲しくて、今から思うと垢抜けない、家出少年のような格好をしていた。それに何より、人見知りだったオレは、顔を合わせてもろくに挨拶もせずに、失礼な態度をとっていたと思う。

そんな、まだまだ野良ニンゲンだったオレに、モンキーさんはなぜか優しく接してくれた。

後日、この日モンキーさんから聞いた番号に電話をかけ「ダブ録らせてください！」とお願いした時も、快く受けてくれた。この時オレはダブのお願いをしたものの、まとまったお金を持っていなくて、「ダブめっちゃ欲しいんやけど、〇〇日後にならないとお金が用意できないんです」と、無茶苦茶なお願いをした。それでもモンキーさんは「あの野良ニンゲンか……こいつ嘘ついてダブ代ちょろまかすつもりちゃうか？　でも、嘘ついてまでダブ録りたいんやったら、それはそれでええわ……」と思って引き受けてくれたらしい。

結局、ダブ代の支払いは約束した日もかなり過ぎてしまった。だが、決して嘘をついたわけではない。むしろ正直すぎるくらいに正直だったのだ。この時のオレは、仕事をしてもその給料を全てレコードに注ぎ込むようになってしまっており、幼少の頃と変わらず、本当にただただお金がなかった。

そんなにもお金に余裕がないのにダブを録りたかったのには、理由があった。オレはこの時、ＲＥＤ ＳＰＩＤＥＲの初めてのサウンドクラッシュを控えていたのだ。

サウンドクラッシュとは「音の格闘技」とも呼ばれるレゲエ最大級のエンターテインメントだ。相対するサウンド同士が曲を掛け合いながら、互いに競い合うようにしてオーディエンスを盛り上げ、その歓声の大きさで雌雄を決する。

１９５０年代にジャマイカで生まれたこのカルチャーは、オレがレゲエを始めた90年代、世界中で最も盛り上がりをみせていた。ジャマイカから日々発表される新曲の中にも、このサウンドクラッシュをテーマにした〝サウンドネタ〟と言われる楽曲がたくさんあった。

レゲエサウンドにとっては花形ともいえるショーケースでもあり、注目が集まりやすいため、普通のイベントよりも集客がしやすい。さらに勝負に勝ったり、印象に残ったプレイをすると「あいつらイケてるな」と噂が広まったりする。

オレは自分のイベントに新規のお客さんを呼びこむための戦略として、このサウンドクラッシュを重要視した。

初めてのサウンドクラッシュは、ＲＥＤ ＳＰＩＤＥＲを含む大阪の若手サウンド3組による戦いで、堺東の商店街のど真ん中にあったキングウープスというクラブが会場だった。最大で５００〜６００人くらい収容できる、そこそこに大きな箱だ。

参加したサウンドはみんな若手サウンドだったので、みんなほとんどダブを持っていなかった。だから、その戦いで使われる楽曲は４５《フォーティーファイブ》と呼ばれる市販の音源がほとんどだった。

45という呼び方はダブプレートと区別するためのレゲエ独特の市販の音源の呼び方だが、これはレゲエの楽曲がドーナツ盤と呼ばれた7インチのレコードで発表されていたためだ。ドーナツ盤はターンテーブルの設定を45回転に設定して掛けるため、この呼び方が広まった。

オレはこの時すでに数百枚の45を持っていたが、サウンドクラッシュではその全てが使えるわけではない。どれだけいい曲であろうが、ラブソングなどをサウンドクラッシュの場でかけようものなら、オーディエンスのブーイングの対象になってしまう。オーディエンスはみんなギラギラした「音の格闘技」を見に集まっているのだ。そんな場で〝愛を誓う〟ような内容の曲をかけてしまうと、雰囲気に水を差してしまう。

そう、サウンドクラッシュはリリックが大事なのだ。楽曲のリリックとオーディエンスを煽るＭＣの内容とがマッチし、相乗効果が起きた時が最も盛り上がる瞬間だ。

だから例えばBRIAN & TONY GOLDの「PASS ME A DUBPLATE」やBANANA MANの「KILLA SOUND BOY」のようなの〝サウンドネタ〟の楽曲や、BOUNTY KILLERの「DEAD THIS TIME」などの〝キルチューン〟と呼ばれる、とにかく攻撃的なリリックの楽曲を駆使して戦った。もちろん、録ったばかりのNG君のダブやモンキーさんのダブも披露し、オレはこの初めてのサウンドクラッシュで無事勝利を手にすることができた。

ただ若手同士のサウンドクラッシュで1回勝ったくらいでは、この時はまだ期待していたほどにRED SPIDERの名前を広めることはできなかった。

そこでオレは、しばらく毎月クラッシュに明け暮れた。会場は毎回決まって堺の宿院というところにあった、ヤーディーという箱だった。今もチンチン電車が走っている通り沿いの、スターバックスがある辺りにあった、バー兼クラブの小さな箱だ。ここで毎月、色々な若手サウンドとクラッシュをして、毎回勝利をおさめた。

毎月クラッシュをしていても、対戦相手に困ることはなかった。なんせこの時代、大阪府を横断する大和川より南の地区、堺や泉州を含む南大阪だけで、3桁を超える数のサウンドクルーが活動をしていると言われていた。今思えばすごい数だったが、その後残ったサウンドは今はもうすべていなくなってしまったのだと思う。

ジャマイカ行きの資金

こうして何度もサウンドクラッシュを重ねていたものの、この時はまだRED SPIDERの名が広まっていくのを感じることはなかった。

ただ、数を重ねれば重ねるほど、足りないものが見えてきた。それはやっぱりダブプレートの数だった。日本人アーティストのダブは少しずつ増やしていたが、ジャマイカのアーティストのダブはジャマイカに行かないと録ることができない。今でこそ委託サービスなどの登場やインターネットの発展により、海外からでも気軽に録ることができるようになったダブだが、この時代はまだまだそんな時代ではなかった。

その頃頻繁にジャマイカに行っていたモンキーさんがジャマイカに立つ前に「ダブ、録ってきたろうか?」と声をかけてくれたりして、お願いして手に入れたRobert Leeの「COME NOW SOUND BOY」のダブなどはあったものの、1曲手に入れると、さらにどんどん欲しくなってしまっていた。だから、この頃オレはジャマイカに行きたくて仕方がなかった。それに憧れのアーティスト達が生で歌っているところも見たかったし、なにより先輩の話だけで聞くジャマイカの空気感を、自分の肌で感じたいという思いがどんどん強くなっていた。

Question Recordのダブスタジオで録音してから、オレはQuestion Recordをすっかり溜まり場にするようになっていたが、それはオレだけでなく、当時大阪で活動していたアーティストやサウンドについても同様だった。それはレコード屋にしては珍しく、この店が夜遅くまで開いていたからだったと思う。毎晩のようにレゲエ関係者がここに集まってきては、情報交換をしていた。

オレはこの場所で、当時「PACHINCO MAN」のスマッシュヒットで時の人となっていたBOOGIE MANを始め、LITTLE CHIBI、DAME-G、ROTTEN RANKSなどの先輩アーティスト、モンキーさんと一緒に活動していた先輩サウンドのRED PRINCE、同い年のアーティト446《ヨシロー》など、多くの人と出会った。

先輩達はみんなそれぞれにジャマイカを経験していたため、ジャマイカの話で盛り上がることが多かった。オレはその話を聞いているうちに、もううずうずしてたまらなくなっていたのだ。

だが、当時の相場で20万円ほどしたジャマイカへの渡航費は、17、18歳くらいだったオレにとってすぐに用意できるような金額ではなく、動くに動けずにやきもきした日々を過ごしていた。

そんなある日、当時アングラジャンルであったレゲエにとっての日本最大メディアだった〝Riddim〟というフリーマガジンに出稿されていた、アイランドツアーという旅行会社の広告に「トラベルローン可能」と書かれているのを見つけた。なにやら旅行代金を分割払いすることができるらしい。もしかすると、これを使えば行けるかもしれないと考えたオレは、早速その会社にコンタクトを取り、ローンの申し込みをした。

オレはこの時点で、もちろんもうジャマイカに行けた気でいた。「ジャマイカに行ったら、まず誰のダブを録ろう」などと考えていた。だが、そのローンの審査が通ることはなかった。

オレは思い出した。「あ……そういえばターンテーブルのローン飛ばしてしもてるやん……」

そう、オレは最初に就職した軌道屋の給料を頭金にして買ったターンテーブルのローンを、支払わずにいたままだったのだ。もちろんローンを組んだ当初はちゃんと支払っていくつもりだったが、死体処理の一件を機に軌道屋をやめたため、残りの支払いをせずにいたのだ。

当時のオレは、ローンの仕組みを理解しておらず、他のもので作ったローンが次のローン審査に影響するなど知らなかった。「ローンって、別々じゃないんか……」と社会の厳しさを噛み締めながら、帰路についた。

小さい頃からお金には苦労してきた。どれだけ困っていても、都合よくお金が急に湧いてきたり、降ってきたりすることはないなんてものはよく知っている。今は、ひとまず諦めるしかない。

帰り道、オレは落ち込みながら、ジャマイカに一緒に行こうと約束していた友達に電話ボックスから電話をかけた。

ポケットから取り出した10円玉を数枚投入し、公衆電話の緑の受話器を耳に当て、友達の電話番号を思い出しながら数字の刻まれた銀色のボタンを押した。プッシュするごとに「ピーポーパーポーピー」と少しくぐもった音がする。「プルルルル」とコールが数回続いた後、「カチャッ」と言う音に続き「もしもし」と友達の声がした。「ごめん。オレ、ジャマイカ行かれへんわ。ローン通らへんかった」と伝えた瞬間、緑の電話機の上に何かがあるのに気がついた。

オレは自分の目を疑った。電話機の上に長財布がある。しかも少し厚みがある。とりあえず周囲を見回しその財布を後ろポケットに入れると、友達に「また掛けるわ」と伝え、受話器を置いた。電話ボックスを離れ、後ろポケットの長財布をそっと開いた。そこには封筒が入っていた。中身を確認すると、給与明細とともに、17万円が入っている。封筒のお金以外にも、万札が３枚入っていた。合計20万。まさに渡航費用と現地での滞在費がちょうど賄える金額。

オレは思った。「これでジャマイカ行けってことやん！」

その時のオレは、これが本当に神様からの贈り物な気がした。だからそのお金をそのままポケットに突っ込み、その場を立ち去ってしまった。

今考えると本当に申し訳ないし、恥ずかしい。だがこの20万のおかげで、オレの道は開けて、その後何十年ものレゲエセレクターとしての人生を歩んでくることができた。

もし１９９４年の夏、大阪のとある場所にある電話ボックスに20万の入った財布を忘れた覚えのある方がいらっしゃったら、正確な場所と共にご連絡をください。数倍にしてお返ししたいと思っています。

ともあれ、こうして偶然にも無事にジャマイカ行きの資金を手にしたオレは、本格的に渡航の計画を立て始めた。ただオレにとってはそのジャマイカ渡航が初の海外になるわけで、色々と心細いことが多かった。もちろんだが、インターネットが発達していない時代なので、とにかく情報が少ない。現地でコミュニケーションを取るにも、中卒のオレはもちろん英語なんてちんぷんかんぷんで、唯一使えた英単語といえば「Maybe」くらいのもの、という状況だ。

これではジャマイカに渡ることはおろか、途中の空港ですら迷子になってしまいそうだ。当時よく溜まり場にしていたQuestion Recordでそんな話をしていたら、近々モンキーさんがもう1人の先輩と共にまたジャマイカに行く予定をしている、という情報を耳にした。

もう1人の先輩とはモンキーさんと同じく90年代の初頭から中期の大阪レゲエシーンを支えたＤＥＥＪＡＹのＦＡＴ ＳＡＮＴＡことファットさんだった。Question Recordに溜まっているうちに仲良くなり、モンキーさん同様オレがとてもお世話になった先輩だ。ちなみに2人は元々高校の同級生らしいが、1年留年していたモンキーさんが年齢的には1つ上で、ファットさんをレゲエに誘ったのもモンキーさんらしい。

モンキーさんとファットさんは当時頻繁にジャマイカに行っていたので、現地に住むジャマイカ人の友達も多いと聞く。同行させてもらえるとしたら、これ以上に心強いことはない。

オレが「ジャマイカ、オレも一緒に行かせてください！」とお願いすると、2人は快諾してくれ、オレはジャマイカ渡航に便乗させてもらうことになった。

第5章

海外

言葉もわからぬままジャロでダブ録り

こうしてモンキーさんとファットさん、2人の先輩のジャマイカ渡航に同行させてもらったオレは、あまり不安を抱えることなく日本を飛び立ち、途中トラブルに見舞われることもなく、無事ジャマイカに降り立つことができた。

ジャマイカに着くなり、オレはモンキーさんに「ダブって、どうやって録ればいいんですかね?」と相談をした。するとモンキーさんは「ほなジャロ行きーや」と車にオレを乗せ〝ジャロ〟のスタジオの前まで連れて行ってくれた。

ジャロことKILLAMANJAROはジャマイカを代表するレゲエサウンドで、スーパーキャットやニンジャマンといったダンスホールレゲエシーンのスーパースターを多数輩出するだけでなく、クラッシュサウンドとしても何度も世界一に輝くなど、名実ともに世界のトップの一角に数えられるレゲエサウンドだ。このジャロが運営している録音スタジオには、いつもエンジニアの他に、チャンスを求めた多数の若手アーティストがたむろしていた。

そのジャロのスタジオまで連れて行ってくれたモンキーさんだったが、モンキーさんは「あとはお前の腕の見せ所や」と言わんばかりに「ここで録れるで」と言い残し、オレをスタジオ前で降ろしてどこかへと車を走らせていってしまった。オレは見知らぬ土地のスタジオ前で1人取り残されることになってしまった。

ジャマイカに到着してすぐだったので、まだUSドルをJAドルに換金すらする前で、オレはポケットに入れた300ドルくらいと、一抹の不安を握りしめてスタジオに入って行った。

ダブを録る時、今は日本人のコーディネーターとかがいて、パトワが喋れなくてもアーティストに直接仲介してくれたりする。だがこの時代はそんな人もまだいない。それどころかみんな携帯電話も持っていない。

だからダブが欲しい時はこうやって直接にスタジオに行くのだ。するとそこに有名アーティストが遊びにきていたりして、ダブが録れたりする。目当てのアーティストがいない場合はスタジオで相談すると、誰かしらが呼び出してくれたりもする。レゲエのスタジオとはそういう場所だ。音楽そのものを録音したり編集したりするだけでなく、アーティストとサウンドマンを繋ぐ〝ハブ〟でもあり、レゲエアーティスト達の情報交換の場所であったりもする。

ただ、だからと言って最初からそんなにうまく進むわけではない。なにしろこの時オレは、パトワはおろか英語もちっとも話せない。先にも書いた通り、「Maybe」以外の英単語を使えないほどだった。

だがオレには、当時付き合っていた恋人から渡されたポケット和英辞典があった。こんな英語力で無謀にもジャマイカに旅立つオレを心配して、餞別にと持たせてくれたのだった。

スタジオに入ると、数人のジャマイカ人がいた。この和英辞典を頼りに、オレはたどたどしい英語で話しかけた。

「あいうぉんとだぶぷれーと」

するとそれを聞いた男が、オレに何かを話しかけてくる。おそらく「おお！　お前サウンドマンか！　オレのダブ録れや！」とか言っていたのだと思う。

だがもちろん、オレはさっぱりわからない。わからないが、何か返事はせねばならないだろう。オレは、伝家の宝刀を抜いた。「Maybe…… Maybe……」

ちなみにYes、No は日本語にもなっているのでもちろん使うことはできた。ただ向こうが何を言っているかもわからないのにYes、No とはっきり答えてしまうと、きっとろくな事がない。

だから、言われた事全てに「Maybe」と曖昧な返事をしたのだ。

だが、様子がおかしい。

オレに話しかけてきていたジャマイカ人が、急にマイクの前に立ったかと思うと、エンジニアがリズムを流しだした。そのまま「RED SPIDERナンタラカンタラ～♪」といきなり歌い出したかと思うと、エンジニアルームではアセテート製のレコード盤が回りながら溝を刻んでいる。

なんとなく気づいた。どうやらオレの思惑とは違い、「Maybe…… Maybe……」と煮え切らない返事をしているうちに、会話が成立してしまっていたようだ。

「え……なんかこれ勝手に歌ってるやん」などと思っていると、歌い終わったジャマイカ人が「ドヤッ」と言った表情でこちらに向かってきた。そしてそのまま、その名前も知らない、どうやらアーティストだったらしいジャマイカ人に50ドルを請求された。

その後も、同じような展開が続き、「よっしゃ、次オレやな」と言わんばかりに、その場にいた名も知らぬアーティスト達が次々と録音を始めた。もう後戻りはできそうにもない。

そのままオレは数人のアーティストのダブプレートを録り、請求されるがまま、50ドルずつを配ることになってしまったのだ。

その日の夜、オレは反省した。録りたいアーティストも録れてないし、なんの交渉もできていない。これではいいカモにされているだけである。

かといって、この日ダブを録るまで名前も知らなかったアーティスト、Hammer Mouth や Ninja Kid、Algebra 達も悪気があったわけではないだろう。

自分の曲をプロモートするために、一種のメディアでもあるサウンドに対して、エクスクルーシブな録音をする。そもそもそれがレゲエカルチャーにおけるダブの存在意義だ。そしてパフォーマンスを提供するからには、きちんと交渉して、アーティストとしてギャラを請求する。これも当然のことだ。しかもオレがちゃんと理解してなかっただけで、交渉における決定権はきちんとオレに投げられていたはずだ。

忘れてはいけない。ここはジャマイカだ。自分の希望や主張があるならば、言葉で伝えるしかないのだ。ここでは誰も、黙っていてもおもんぱかってくれたりはしない。

「よし、明日はちゃんと録りたいダブ録ろ。んで言葉もちゃんと覚えよ」

オレは翌日もまた、ジャロのスタジオを訪ねる決心をし、その日は眠りについた。オレがその後幾千回も越える事になる、ジャマイカでの初めての夜だった。

次の日になって、オレは予定通りまたジャロのスタジオに向かった。スタジオには、昨日と同じエンジニアがいた。

彼はジャロのMCとしても活躍していたKeithという人物で、オレを見るなり「おっ、来たんか」というようなことを言った。オレは彼に片言の英語で「ダブを録りたい」「Dennis Brown」とだけ伝えた。

Keithはとても協力的で、当時のジャマイカのトップシンガーであったDennis Brownをスタジオまで呼び出してくれた。しばらくして現れたDennis Brownは「うわっ、本物のデニスや……」と気圧されているオレにオレのサウンド名などを確認すると、早速マイクの前に立ち、歌い出した。オレはカラダが震えるような感覚を覚えた。あのDennis Brownが目の前で歌っている。しかもRED SPIDERの名を高らかに歌い上げながら。

Keithの横では、昨日と同じようにアセテート盤が回転しながら溝を刻んでいた。昨日はオレの不安を増幅させていくように思えたその回転も、今日はまるでオレの感動を刻んでいっているかのようだった。

その後もKeith はSkatta を始め、オレが頼んだアーティストを次々とスタジオに呼び出してくれた。

そのおかげでオレは今も〝RED SPIDER ANTHEM〟と呼ばれるようなビッグチューンのダブを数曲手にすることができた。オレはジャマイカを訪れた1番の目的でもあったダブ録りのミッションをこうして無事成功させることができたのだ。

タクシーでのマチェット事件

ジャマイカでの日々も数日が過ぎた。見るもの全てが刺激的で、衝撃の連続だった。

まだ聞いたことのないヒット曲が、毎日のように生まれ、ラジオで流れている。スタジオを訪ねると、ガーネットシルクやニンジャマンのような、レコードで聴いて憧れていたスーパースター達が、普通に遊びに来ていたりする。当時はインターネットもない時代だ。「レゲエを覚えるにはジャマイカに住むしかないな」と考え始めていた。

だから、オレは滞在している間の1ヶ月間、なるべく1人で行動をした。わからないなりに、覚えたての拙いパトワとポケット和英辞典を駆使して、なるべくジャマイカ人と直接コミュニケーションを取るようにしていた。少しでも言葉を覚えてしまいたかったし、見るもの全て、ここで遭遇する経験の全てを、吸収しようとしていた。

1人行動をするにあたって、まずびっくりしたのがルートタクシーの存在だった。ルートタクシーは、日本では過疎地でしかあまり見かけることのない乗合タクシーの一種で、バスと同じように特定のルートを巡回するジャマイカの日常的な交通手段だ。ひと組だけが乗り込むチャータータクシーと違って、目的地までの間に途中停車しながら、色々な人を乗せて走る。

オレは、乗り合いタクシーそのものが初めてだったので、そのこと自体になかなか衝撃を受けていた。しかもこのルートタクシーの大半は、モグリの個人がやっているいわゆる白タクなので、車の定員を決して守らない。定員5名のセダン型の乗用車に、平気で7人を詰め込む。運転席に1人、助手席に2人、後部座席に4人と言った具合だ。

この助手席に乗ってしまった時が大変で、狭いシートをシェアしながら、窓側に座った人は窓から半身を乗りだして座ったりする。後から太ったおばちゃんが乗ってきた時などは、もう押しつぶされそうでバッテラにでもなってしまいそうな気分だった。

オレはモンキーさん達と共にStony Hillという、キングストンを取り巻く山の上にある地域に滞在していた。山の上だけあって、街中と比べるとだいぶと田舎感が漂う。どこに向かうにしても、一旦ルートタクシーで山を降り、麓にあるManor Parkという地域からバスに乗り換えて向かわなくてはならなかった。

1人行動にも慣れてきたある日、オレはHalf Way Treeに向かった。Half Way Treeは大阪で言うと御堂筋みたいなところで、ジャマイカの首都であるキングストンの繁華街だ。そのHalf Way Treeのスクエアのパビリオンと呼ばれるところにあるショッピングモールに、アクエリアスというレコードショップがある。そこに行けば、今流行りの新譜以外にも、サウンドマン好みの古めのレコードなども豊富に置いてあると聞き、ジャマイカに行く前から「ここは絶対に掘りに行かんと」と思っていた。なんせジャマイカでレコードを買うと、当時で30JAドルほどだ。当時のレートで計算すると、およそ100円。300枚買ったとしても3万円だ。それに対して、日本でレコードを買うと、だいたい6000~7000円ほどかかった。

今のようにデータで曲をかけたりできないこの時代、レコードのバリエーションはサウンドとしての生命線だ。オレはできるだけ多くのレコードを買って帰りたいと思っていた。

オレはアクエリアスへ向かうために、Stony Hillからの山道をこの日もルートタクシーで下り、Manor ParkでHalf Way Treeまで行くバスに乗り換えた。バスに乗り込んだ時点で、車内は混み合っており、座席はほぼ満席だった。オレがなんとか席を確保し、しばらくするとバスは乗客を乗せて発車した。途中いくつかの停留所で乗客を乗せながら、しばらくは順調に目的地までの道を走っていた。

すると、いくつ目かのバス停に停まったところで、身なりの良くないボロボロの服を着た人物が乗り込んできた。その人物は、バスに乗り込むや否や、バスの運転手と何やら言い争いを始めた。

何を言っているのかはわからないが、ボロボロの服を着た乗客の言葉の端々に「ボンボクラー！」というカスワードが含まれているのはわかった。どうやらどんどんヒートアップしているようだ。

「なんか、めちゃくちゃ言い合いしてるな」と思って見ていると、ボロボロの服の乗客が、突然、1mほどもありそうな巨大なナタ、マチェットを取り出した。

ジャマイカではココナッツを割る時や、特産品でもあるサトウキビを刈り取るために使うため、このサイズのナタをしばしば見かける。

マチェットを取り出した乗客は、あろうことか、「バッチーーーン！」と、なんの迷いもなくバスの運転手の頭に向けて振り下ろした。運転手の頭には「グサッ」とナタが刺さって、体が「ビクッビクッ」と痙攣《けいれん》しているように見えた。

ナタを振り下ろしたそいつは、すぐに下車し、そのまま逃げていったようだ。

ほぼ満席だった車内は、もう瞬く間にパニックに包まれた。悲鳴が飛び交い、我先にと下車をしていく。

オレは状況が飲み込めず、あわあわと狼狽えるばかりだ。近くにいたジャマイカ人のおばさんがオレに向かって何かを言っている。どうやら「あんたも降りろ」みたいに言ってくれているようだ。

どうしていいものかわからなかったが、オレは言われるがままとりあえずバスを降りた。

ただ、バスを降りたものの、どうしていいのかもわからないし、それを言葉にすることもできない。

しばらくの間ただただ立ちすくんでいた。バスの中で声をかけてくれたおばさんも、バスを降りてからはそっけない。

誰かが通報をしていたのだろう、すぐに警察や救急車が駆けつけた。驚くことに、運転手はまだ絶命していないようだった。ナタが頭に刺さったまま、すぐに救急車に乗せられ、運ばれていった。警察もすぐに事情聴取を始めた。

オレはどうしたらいいものか悩んだ。こんな状況になっても、まだ当初の予定通りレコードショップに向かうつもりをしていたが、バスがこんな状況になってしまっては、Half Way Tree までどうやって向かえばいいものかわからない。

おそらく停留所2つ分くらいだから、チャータータクシーを拾って戻ろうか。だが距離感がイマイチわからないし、タクシー代がいくらほどかかるものなのかも検討がつかない。

それに、大変なことに気づいた。後ろポケットに入れていた財布がない。混乱の最中に落としてしまったのだろうか。はたまたどさくさに紛れて、誰かにパクられてしまったのだろうか。周囲を探してみるが、見当たらない。不幸中の幸いに、財布には今日レコ屋で使う予定だった予算の分だけしか入れておらず、滞在先に戻ればお金はある。

オレは結局タクシーを拾って Stony Hill まで戻ることにした。滞在先までタクシーで戻ると、運転手には少し玄関で待ってもらい、部屋からお金を取ってきて、それで運賃を支払った。そしてそのまま、そのタクシーでバス停まで戻り、バスでレコードショップまで向かうことにした。

今思うと、こんなトラブルに巻き込まれたにも関わらず、よくレコードショップに向かったものだ。

ただ、初めての出来事に動揺はしたものの、なにか離人感というか、テレビの画面の中で起きている事件を見ているようで、オレには妙に落ち着きが残っていた。

酷い状況で、みんながパニックになっているのはわかった。だが言葉がわからないのもあって、自分がその出来事の当事者である感覚がなかった。

だが、もしまたこんなことが起きて、なんの対応もできないでいると、文字通り話にもならない。

やはり早く言葉を覚えようと、オレは心に決めたのだった。

しばらくして、オレは初めてのジャマイカをあとにした。またすぐにここに戻ってくることを心に誓いながら。

阪神・淡路大震災

日本へ戻ったオレは、半年ほどの間、鳶職、ペンキ屋など手取りのいい仕事をして、必死でお金を貯めた。次こそは、ちゃんと自分のお金でジャマイカへ飛ぶためだ。

その半年の間で、日本ではとんでもないことが起きた。１９９５年1月17日未明に近畿地方を襲った当時戦後最大の大地震、阪神・淡路大震災だ。

寒い、1月の早朝だった。オレはおもしろハウスの2階で寝ていたのだが、ものすごい音にびっくりして、ぱっと目を覚ました。地の底から聞こえてくるような低い音と共に襲ってきた、今まで体感したことのないその揺れは、まだ寝ぼけたままのオレの視界をぐちゃぐちゃにした。実際には数秒だったと思うが、めちゃくちゃ長い時間に感じた。壁際に置いてあったものが次々と倒れる。まだローンの残ったままだったターンテーブルも床に転げて、完全に壊れてしまっている。

だが、今はそんなことに気を取られている場合ではない。揺れがおさまってすぐ、オレは居間で寝ているはずの両親の安否の確認するために、階段を駆け降りた。

居間に行くと、父親がテレビ画面を凝視しながら、「えらいこっちゃ……」と言葉をこぼしている。ただ、そこにいるはずの母親の姿がない。オレが「お母ちゃんは⁉」と聞くと、「おらんねん！」というので、おもしろハウスの中を探したが、どこにもいない。「もしかして……」と思って押し入れの中も見てみたが、やはり母親の姿はない。

だが、オレが「え⁉　え⁉」と焦り出した頃、どこからともなく「ドンドンドン！」という音がするのに気がついた。どうやらおもしろハウスの外かららしい。耳を澄ますと、かすかに「助けてー！」と声が聞こえる。母親の声だ。オレはピンときた。外のボットン便所だ。

オレは父親と共に表へ飛び出し、おもしろハウスの母屋から少し離れたボットン便所に駆けつけた。

中からは確かに、扉を叩きながら「助けてー！」と叫ぶ母親の声がする。オレ達は早速扉を壊し、母親を助け出した。

母親はあろうことかこんなタイミングでちょうどトイレに入っていた所、急に襲った地震の揺れで扉が壊れてしまい、ボットン便所の中で閉じ込められてしまっていたのだ。

しかしよく考えると、壊れたのが扉でよかった。もし底が抜けてしまっていようものなら、母親はボットン便所の下に埋められた、ウジの湧く便槽にハマって溺れていたかもしれない。

母親を無事救出し、オレ達は少し安堵しながら居間に戻った。とりあえず家族が無事でよかった。だが、居間でつけっぱなしになっていたテレビの、ブラウン管の中に映し出された映像を見て、オレ達はまた言葉を失った。

少し白み始めた空の下、ヘリから空撮された神戸の街の光景は、まさに想像を絶するものだった。見ているうちにも、そこら中から次々と火の手が上がり、街がどんどん黒煙に包まれていく。

通電火災というものだったらしい。地震直後の停電で一旦途絶えていた各家庭への電力の供給が、地震から時間が経過すると共に復旧する。するとスイッチが入ったまま消えていた電気ストーブなどに再び通電することになるのだが、この時地震の混乱の中でストーブに降りかかった衣服などがそのままになっていたりすると、それに引火し、一気に火事となってしまう。まるで時限爆弾のような現象。阪神・淡路大震災で発生した火事のうち、6割がこの通電火災だったという。

やがて空が白み始めるにつれ、被災した街の全貌が見えるようになってきた。家屋やビルだけでなく、鉄道や高速道路が倒壊している。特に完全に横倒しになった阪神高速、さらにその倒壊部分の一歩手前で、車体の前方を宙に浮かせた状態で踏みとどまっていたバスの映像などは特に鮮烈だった。

そこら中で発生した火の勢いは、みるみる倒壊した木造家屋を侵略していく。どうやら交通マヒにより消防車もほとんど駆けつけることができずにいたようだ。まさに地獄の光景を覗き見ているような気分だった。

オレは「日本これからどうなるんやろう……」と、漠然とした不安を抱いたのを覚えている。

文字通り世の中を揺るがすようなこんな大きな出来事があっても、日常は続く。地震のあった日の当日はさすがに仕事も休みになったものの、幸いオレが住んでいた南大阪の被害状況はそこまですごくなかったのもあり、オレは次の日から、ジャマイカへの渡航費用を貯めるためにまた必死で働き続けた。

この地震で、ターンテーブルはすっかり壊れてしまったが、集めたレコードが無事だったのは、不幸中の幸いだった。オレはこんな状況の中でもＲＥＤ ＳＰＩＤＥＲとしての活動を続け、今までと同じようにサウンドクラッシュなどにも出場していた。

この頃戦ったクラッシュで、思い出深いのがＭＩＧＨＴＹ ＡＣＴＩＶＥというサウンドとのクラッシュだ。オレ達を含め、南大阪のサウンドやアーティストがみんな溜まり場にしていたレコ屋、

Question Recordのスタッフだった人が立ち上げたサウンドで、そことのタイマン勝負。会場はオレが以前から何度もクラッシュをしていた箱、堺・宿院のヤーディーだった。

何が思い出深いかというと、このクラッシュでは勝敗に公平を期すために、ジャッジをオーディエンスの投票制にしたのだ。

通常サウンドクラッシュの勝敗は、MCの「○○サウンドが勝ちやと思うやつー‼」といった煽りにオーディエンスが挙手や声援で応じるなどして、それをMCが〝およそ〟の感じで判断し、勝敗を決める。だがこれらの方法だとどうしても後ろの方のお客さんの手は見づらいし、声援に関しては前列に声の大きな人がいると判定をしにくくなる。差が大きい場合はそれでも問題がないのだが、接戦となってしまうといつまでも勝敗をつけられない、なんてことも起きる。

そういった問題を解決するべく導入されたのが、オーディエンス1人1人に、帰り際、よかったと思う方のサウンドに投票して帰ってもらう方法だった。この方法だと、お客さんの数がたまたま偶数になってしまったりしていない限りは、たとえ1票差であっても勝敗をつけられる。

だが、誤算があった。出演者であるサウンド側は、イベント終了後すぐに開票をするのでその日に勝敗を知れるが、その勝敗を一番楽しみにしていたであろうお客さんに、結果を告げる方法がなかったのだ。結果、この日も勝つには勝ったものの、1番の目的である知名度を上げるという部分については、あまり効果が感じられず、オレにとってこの方式のサウンドクラッシュへの参戦は最初で最後となった。

そうこうしているうちに、やがてジャマイカへの渡航費用と、ある程度のダブ代を貯めることができたオレは、今度こそは自分のお金で航空券を手に入れ、荷造りを始めた。

荷造りをしている中、少し不安に思うことがあった。今度のジャマイカ滞在は、観光ビザが有効な期間、半年間まるまるの予定だ。1度目にジャマイカを訪れた時に感じたことだったのだが、そういえばジャマイカの夜は意外と暇なのだ。イベントがある時はもちろん問題ないし、平日でもいろんな地域でイベントはやってはいたが、距離的に行きやすい場所でとなると、そうそう毎日あるものでもなかった。もちろん言葉の勉強はできるが、そうそう勉強ばかりもしていられない。

これが半年となると、果たして耐えられるのだろうか。荷造りをしているさなか不意に不安を覚えたオレは、家にあった、もうすでに何度も読み尽くしていた『北斗の拳』のコミック全巻を、トランクの限られたスペースに詰め込んで、ジャマイカの地を踏む事にした。

今思うと、我ながらどうかしている。

ゲットー暮らしとビジネスプラン

ようやく訪れることのできた2度目のジャマイカは、前回同様にキングストンを取り囲む山の上にあるStony Hillの地での滞在から始まった。

今回はモンキーさん、ファットさんの居ない、1人だけの滞在ではあったが、あまり心細くはなかった。それは、前回の滞在の際に、すでに近所に住むジャマイカ人と仲良くなることができていたからだった。

オレは1度目のジャマイカで事件に巻き込まれたりする中で、言葉の重要性を痛感し、とにかく少しでも早くパトワを覚えられるように心掛けていた。そのため滞在期間の後半はなるべく先輩達と一緒にいる時間を減らし、Stony Hillの滞在先の近所に住むジャマイカ人達と拙いパトワで話をするようにした。

今回の滞在ではその時にできた友達相手に会話を重ね、ある程度パトワでのコミュニケーションが取れるようになった時点で、他の地域に移り住んでみようと考えていた。

オレが2度目のジャマイカ滞在を経験したこの頃、ダブ録りなどでジャマイカに来ている日本人はそれなりに居たのだが、本格的に住み着いている人はまだ少なかった。

JAPjamというレーベルをやっていたB.P.さん、レゲエ専門のレコ屋ロッカーズアイランドのタッカー君、日本人宿ラブリッシュをやっていたジュンちゃん、同じく日本人宿アイシャハウスをやっていたユミさん。ジャマイカに完全に住みつき、向こうでビジネスを成立させていたのはこの人達くらいだけだったと思う。

この先輩方と比べると、オレのジャマイカ滞在は旅行に毛の生えたくらいのもので、期間も決まっている。だから、なるべく濃い時間を過ごせた方がいい。

そう考えたオレは、次はいわゆるゲットーである、Grants pen に住むことにした。キングストンを取り囲む山の中腹に位置し田舎の雰囲気の漂う Stony Hill と比べて、Grants pen は危険な場所で、また事件に巻き込まれてしまうようなこともあるかもしれない。

それでも住む場所にゲットーを選んだのは、やはりレゲエのリリックの影響があったからだ。レゲエの歌の内容は、ゲットーから勝ち上がりをする歌が多い。ゲットーに住むジャマイカ人と同じ生活をしてみないと、本当の意味ではリリックの意味が理解できない、そう思っていた。

想像はしていたが、ゲットーの暮らしはおもしろハウスで育ったオレにとっても、まぁまぁハードなものだった。まずインフラがまともに揃っていないから、水は出ても、温かいお湯なんて出るはずもない。電気はほぼ全てが盗電で、みんな電信柱から勝手に電線を引き込んでいた。ただこれくらいはオレも経験があったから、たいして気にならなかった。困ったのはトイレだ。

Grants pen のゲットーには下水が整っていないから、家々は Gully と呼ばれる溝沿いに立ち並んでおり、その溝を下水代わりに使っていた。どの家も裏側は Gully に出られるようになっていて、用を足すときはそこに向けて放つのだ。屋根や囲いがあればいい方で、大抵の家は野ざらしになっている。だから大の方をする時は尻を Gully に向けて、もうこれ以上ないくらいに無防備な状況で挑むことになる。まぁ簡単な話が毎回ほぼ野糞感覚だ。こんな状況だから、コミュニティ全体が不潔だし、変な匂いがしていた。

そんなハードな環境ではあったが、コミュニティの住人は気のいい奴らばかりで、みんなとても良くしてくれた。当時は日本人がゲットーに暮らすなんてことが珍しかったのもあって、道端でオレの顔を見かけると、みんなめちゃくちゃ話しかけてきた。食事時なんかは「食べるものはあるのか？」と気にかけて、質素な料理を作ってくれたりもした。

もちろんみんなその日の晩飯代にも困っているような奴らばかりなのだが、だからこそ彼らは、何に関しても決して独り占めするようなことはしなかった。持っているものは、迷いなくシェアする。それがゲットーの住人の生き方だった。テレビなんかも、誰かが手に入れても家の中に置くことはせず、雨よけをつけて道端に設置し、みんなで観た。

ジャマイカではゲットー出身でスターとなったアーティストがよく地元に寄付を行ったりするのだが、それはなにも特別なことではなく、ここでは当たり前のことなのだなと思うようになった。

このシェアの感覚というものは、レゲエの音楽文化の中でもよく感じるもので、ダブプレートの文化などもそういった部分に支えられているのだが、それもこういったことの延長にあるのかもしれない。

オレは毎日ゲットーの住人と会話を重ねながらパトワを学びつつ、レコード屋に行っては日本でなかなか手に入らないレコードを入手し、スタジオに通ってはアーティストとリンクし、ダブ録りをするという生活を数ヶ月続けた。

この頃一番よくいたのは、前回の滞在でもお世話になったジャロのスタジオだったと思う。仲良くなったエンジニアのKeithが、いろんなアーティストを紹介してくれた。

初めてこのスタジオを訪れた時に、押し付けられるようにダブを録ることになったジャロのユーツ、Hammer MouthやNinja Kid、Algebra達ともすっかり仲良くなって、色々なことを教えてもらった。

その中でもジャロのDEEJAYでありながら、自身でStrike ForceというサウンドをやっていたHammer Mouthは、スパニッシュタウンで開催するダンスにオレを紹介してくれ、まだパトワも拙いオレに出演の機会を与えてくれた。このダンスがオレにとって初めてのジャマイカでのサウンドプレイとなった。

やがてジャマイカを訪れてから半年ほどが経ち、日本への帰国が近づいてきた。ゲットーでの暮らしにもやっと慣れてきた頃だったが、名残惜しくはなかった。オレはこの時、一旦日本に帰っても、またすぐにこの地へ戻ってこようと考えていた。

初めてジャマイカに長く住んでいるうちに気づいたことがあった。航空券のチケット代を除いて考えると、住むこと自体にはそこまでお金がかからないということだ。

もちろん生活水準を上げてしまうと出費はどんどんかさんでしまうが、オレのようにゲットーで暮らす分には、そんなにお金がかからない。ジャマイカで仕事を見つけることができれば、滞在自体はいくらでもできそうな気がする。

ただ、オレはサウンドマンでダブを録るのも滞在の目的の一つだから、その資金が必要だ。そうなると、ジャマイカの低い賃金では、カバーができないだろう。だが、もしジャマイカにいながら日本円を稼ぐことができるとすればどうだろう。ジャマイカに住み着きながら、ダブもどんどん録れるのではないだろうか。

もちろん渡航費のことは解決しないといけないものの、オレにはすでにジャマイカにいながら日本円を稼ぐためのビジネスプランのようなものがあった。

1990年代、日本ではレコードブームが起きつつあった。その影響により大阪でもレコードショップが乱立しており、どの店もたしかな仕入れルートの確保を必要としていた。当時の円高の影響もあって、日本のレコードショップで600〜700円ほどで販売されている7インチレコードが、ジャマイカでは上代でも100円ほどしかしない。オレはジャマイカで買い付けたレコードを日本のレコードショップに卸せば、それなりにお金になるだろうと考えた。

音楽産業が盛んなジャマイカでは、毎週色んなレーベルから100曲を超えるレゲエの新譜が発売される。レコードショップの中には、ジャマイカから直接新譜リストなどを送ってもらって仕入れている店もあったが、この方法では試聴ができないため、ハズレ曲を引いてしまうことが多々ある。

オレがイケてる曲だけをジャマイカで選んで日本へ送れば、そんな問題も解決できるだろう。それに、ジャマイカでガラクタ同然の価格で売られている中古のレコードの中には、日本だと入手困難で高値がついていたりするものもある。これだったら、もっと効率よく稼げるかもしれない。

さらにいえば、日本人とジャマイカ人の直接の取引は、言葉の問題もさることながら、商習慣の違いによってトラブルになることが多い。オーダーしたレコードが何ヶ月経っても日本に届かない、なんて話もザラにあると聞いていた。

だから、すでにある程度パトワでのコミュニケーションができ、ジャマイカ人への対応にも慣れているオレには、このレコードの買い付けのビジネスは適任なはずだと考えたのだ。

そうして日本へ帰国したオレは、早速いくつかのレコードショップにこの話を持ちかけた。すると、泉南にあったＡ ＴＲＡＩＮというレコードショップが乗ってくれることになった。

このことにより、ジャマイカでの仕事を確保したオレは、とにかく渡航費だけを確保すると、またすぐにジャマイカへ旅立つことにした。

こめかみに銃口を突きつけられる

ジャマイカに舞い戻ったオレは、すぐにレコードの買い付けの仕事の準備に取り掛かった。仕事をするからには、色んな場所を巡る必要も出てくるだろう。それをいちいちバスやルートタクシーを使っていたのではキリがない。そう考えて、まずは安い中古のバイクを手に入れることにした。

オレが選んだのは、古びたＨＯＮＤＡのカブだった。ジャマイカでは、日本と同じ左車線通行なのもあって、日本車の中古が多く流通している。車もそうだが、バイクは特に日本車が多く、ＳＵＺＵＫＩ、ＨＯＮＤＡ、ＫＡＷＡＳＡＫＩ、ＹＡＭＡＨＡなど、親しみのあるメーカの名を見かけることができる。ヒットしたレゲエの曲のタイトルにもなっていたりするほどだ。

オレはカブを手に入れると、さっそく買い付けの仕事を始めた。最初はレコードショップを中心に回って中古の7インチレコードから掘り出し物を探したりしていたが、色んなところを当たっているうちに、レコードショップよりも、バーなどの方が掘り出し物に出会いやすいことに気付き、もっぱらその方法でレアモノを買い付けるようになった。

バーで買い付けというと少し想像しにくいかもしれないが、ジャマイカのバーには箱付きのＤＪがいて、ターンテーブルでレコードを回していたりする。珍しいレコードをかけていたりすると、そのレコード売ってくれとその場で頼み込むのだ。すると「ああ、ええよ」と言った感じで売ってくれたりする。オレはこのカブで色々な場所を訪ねては、仕事に励んだ。

小回りの聞くバイクでの仕事は、街の構造をつかむのにも適していて、抜け道にもだいぶ詳しくなった。

ある日、オレは愛車のカブでドラッグストアに向かっていた。と言っても体の調子が悪かったわけではない。夜中に、ふとスターバックスのコーヒー牛乳が飲みたくなったのだ。夜中と言ってもまだ23時～24時くらいの時間だったたと思う。

当時オレの住んでいた所からバイクで5分くらいの距離にManor Parkというエリアがあった。そこには24時間営業のドラッグストアがあり、スターバックスブランドのパックのコーヒー牛乳が販売されていた。オレはこれがお気に入りだった。

夜中にどうしてもそのコーヒー牛乳が飲みたくなったオレは、愛車のカブにまたがり、暗闇のキングストンを走り出した。

ただこのカブ、中古の中古のそのまた中古、みたいなもう本当にボロボロの代物で、整備不良のためヘッドライトも付かない。「まぁ5分ほどの距離やから問題ないやろ」と安易な気持ちで走らせていたのだが、途中で運悪くパトカーに遭遇してしまった。パトカーはすぐにカンテラを回し出し、辺りには「プゥーーーーーン！」とサイレンの音が鳴り響いた。パトカーはオレに「止まれ」の合図を出してくる。

ジャマイカの警察というのはなかなか厄介な存在で、交通違反をきっかけに停められたかと思うと、色々と難癖をつけては平気で金を要求してきたりする。従わなければ、逮捕され、しばらく勾留されたりもする。

みすみす捕まるわけにもいかないと考えたオレは、咄嗟に脇道に入り、ゲットーを通り抜けてパトカーから逃げることにした。ゲットーの道は狭く、パトカーを撒くのに最適なのだ。オレの目論見通り、ゲットーに入ってすぐにパトカーは追跡を諦めたようだった。

オレはこのままゲットーを走り、薬局へ向かおうとした。ゲットーを通る道は当然のように悪路で、舗装はされているもののアスファルトはガタガタ、そこら中に穴も空いていたりする。ヘッドライトが点かないのもあって、オレはスピードを上げることができずにノロノロと走っていた。きっと自転車ほどのスピードしか出ていなかっただろう。

すると不意に道路脇から、3、4人の男が現れた。男達はみんな拳銃を持っていた。オレがそのことに気付いたのは、自分のこめかみにひんやりとした硬い鉄の感触を感じてからだった。一瞬血の気が引くのを感じた。

男達はオレのこめかみに銃口を突きつけたまま、「何しにきたん？　お前」というようなことを言った。オレは「いや、通り抜けるだけ」と答えた。

どうやらこの時期は、運悪くロードブロックを行っている時期のようだった。ジャマイカでのゲットーでは、道路にフェンスや廃材、古タイヤやコーンなどを無造作に積み上げ、ゲットーへの入口になっている道路を封鎖してしまう事がある。これをロードブロックという。理由は敵対するゲットーとの関係悪化や、警察の取り締まりが予想される時など様々だが、要は外敵の侵入を拒むわけだ。

ただゲットーの入口と言っても大通りだけではない。道路に積み上げられた障害物により車での侵入はできなくなるものの、カブくらいの小回りの効く乗り物だと、どこからともなく入り込めてしまったりする。

オレはこのエリアがそんな厳戒態勢に入っていることを知らずに、まるでどこからともなく庭に現れる猫のようにフラッと侵入し、向こうみずなカチコミ野郎と勘違いされてしまったのだ。

「どうりで、パトカーの追跡も、いやにあっさりとしていたはずやな」

事情を理解してくれたゲットーの住人から解放され、その場を後にしたオレは、コーヒー牛乳を飲みながらぼんやりとそんなことを考えた。

第6章
衝撃

生まれて初めて見た殺人

レコードの買い付けの仕事も軌道に乗り出すと、次第にレンタカーを借りて、キングストン以外の街へも足を延ばすようになった。買い付けを続けているうちに気付いたのだが、同じジャマイカの中でも都会の方は、ヨーロッパ系の人などの同業者の手が入っていることが多かったのだ。キングストンやモンテゴベイなどの都会はすでに結構攻められていて、大したレコードが残ってなかった。だからオレはなるべく田舎の方の、まだあまり攻められてないであろう地域を中心に攻めていた。

この時期よく訪れていたエリアの1つが、キングストンから北東に90㎞ほど行ったところにある、港町、ポーティーことPort Antonioだ。

ポーティーには当時、カツ君が住んでいた。そう、オレがレゲエを始めた当時、足繁く通ったエイリアンスポットのイベントをやっていたBIG BANG CREWのあのカツ君だ。おもしろハウスにまで招いてしまったことのあるその先輩が住んでいたため、オレは買い付けの時以外にもよく遊びに来ていた。

足を運ぶうちに、現地のジャマイカ人とも仲良くなることができて、そいつらに教えてもらったバーなどで買い付けをするようになった。ポーティーのバーはまだほとんど買い付け業者の手が入っていなかったようで、仕事はなかなか捗った。

ある日、オレはこのポーティーで、生まれて初めて殺人の瞬間を目撃した。1度目にジャマイカを訪れた際も、バスの中で突然運転手が脳天を割られるなど、「えっ、死んでしまうんちゃうん」と思うような事件を目撃することはあったが、あの時は被害者の運転手がすぐに救急車で運ばれて行ったため、その後亡くなってしまったのか、それとも一命を取り留めることができたのかわからなかった。だが、この時はたしかに人が絶命する瞬間を見た。

オレはその日もレコードの買い付けのために、ポーティーを訪れていた。ちょうど日本から友達が来ていたので、レンタカーの助手席に乗せ、仕事にも付き合ってもらっていた。食事をとってから仕事を始めようと、弁当屋を探しながらポーティーのダウンタウンを車でぐるぐるしていると、反対側の歩道でジャマイカ人の男性が喧嘩しているのが目に入った。どうやら3対1のようだ。

「うわっ、喧嘩してる！」

オレは車を止めて、車内から様子をうかがっていた。完全に野次馬である。

「さすがに1人の方、分が悪いやろうけど、どうなんのやろ」と思いながら眺めていると、1人の方がいきなりナイフを出して、3人のウチの1人にブサッと刺した。

「うわっ、刺した!!」オレはさすがにびっくりした。

刺された方は、すぐさまその場に倒れ込んだ。それを見て、怒りに更に火がついた3人の残りの2

人が、刺したやつをボコボコにタコ殴りにした。

刺された人はほったらかしになってしまっているのだが、ピクピクと痙攣をしているのが車の中からでも見て取れた。「これはもしかするとヤバいかもしれない」と思ったオレは、一緒にいた日本人に声を掛けた。「どうする？　助けた方が良くないこれ？　行った方がいいよな？」と相談し、オレ達は車を置いて彼らに近づいた。

オレ達が近づくと、倒れてピクピクしていた人は、「ピクッ」と大きな痙攣と共に動かなくなった。「うわ、これどうしたらええの？」近づいたものの、オレ達がどうにもできないでいると、3人の方の仲間とおぼしき男がもう1人来た。刺されて倒れている自分の仲間に、「おい！　おい！」と声をかけながら頬を叩く。だが反応はない。刺したやつは、まだ2人にボコボコにされている。

もう1人のやつが「死んでるぞ！」と叫ぶと、殴っていた2人は手を止め、こちらに戻ってきて、動かなくなった仲間の姿を見て愕然としていた。後から来た1人は一旦その場を離れると、しばらくして小さなトラックに乗って戻ってきた。そしてすぐさま動かなくなった友をトラックの荷台に乗せると、走り去っていった。

あっという間の出来事だった。オレはもう何もできなくて、戸惑うばかりだった。印象的だったのが、動かなくなった人物が荷台に乗せられたときに、脚がプラーンと荷台から出ていたことだ。オレは喧嘩からナイフで刺されて動かなくなっていくまでの光景にももちろん衝撃を受けたが、脚が荷台からはみ出てぶらぶらとしたまま、トラックが走り出していった事が一番の衝撃だった。

「雑やな、無茶苦茶、雑」

それがオレの正直な感想だった。その光景は、まるで蟻が死んでしまった仲間の死骸を引きずりながら巣へ運ぶ姿と重なって見え、なにか命の重さというものを考えさせられた。

改めて宣言するまでもなく、ジャマイカは危険な国だ。80年代などは、世界で最も危険とも囁かれた国だ。

オレが滞在していた90年代後半でも、もちろんそこら中に危険な匂いがぷんぷんしていた。強盗なんかもよく起きるし、殺人の件数もめちゃくちゃ多い。

だが、オレはそれなりに気をつけていたのもあって、バスの運転手の脳天にナタが突き刺さった例の件以外は、そこまで危険な場面に出くわしていなかった。遭遇したとしても、人が殴られている場面や、近くで発砲が起きたりする場面くらいのもので、本当に人が殺されたりする場面に居合わせるような経験はまだしていなかった。

オレはそれまでもお爺ちゃんを亡くしたりしていたので、人が本当に死ぬことなどは当然理解していたが、そんな安らかな死とは全く違う死の体験だった。さっきまでピンピンしていて、喧嘩をしていたその人が、ものの5分ほどの間に死んでしまう。そんな瞬間を目の当たりにしたのだ。

初めてジャマイカを訪れた時とは違い、言葉がある程度理解できていたこともあったのだろう。あの時感じた〝ブラウン管の向こう側〟のような感覚は一切なく、この死は実感を持ってオレを襲った。さすがに、3日ほどは食事も喉に通らなかった。その日はもちろん、レコードの買い付けも諦め、帰途に就いた。

ギャングの抗争に巻き込まれる

ポーティーでの事件は、オレにとって衝撃的だったが、亡くなったのは見知らぬ人だったので、悲しさのようなものは特に感じなかった。だが、ジャマイカに長く住むうちに、知り合いが被害に遭ってしまう場面に遭遇することもあった。

オレがキングストンにある Sugar Minott のスタジオ、YOUTH PROMOTION に住んでいた時の話だ。Sugar Minott は60年代から活躍していたトップアーティストで、まだ売れていないアーティスト志望のゲットーの若者などに仕事と生活する場を与えながら、後継の育成に当たっていた。

Tenor saw、Tony tuff を始め、名だたるアーティストがそこの出身だった。80年代から90年代にかけてジャマイカで活躍した日本人アーティスト、NAHKIさんなんかもそこで修行をしていたという。

オレは Barry Brown のダブをそのスタジオで録ったのをきっかけにして、ちょくちょくそこに出入りしていた。よくしてくれるエンジニアがいて、オレが「金ないねん」みたいな話をしていたら、そのエンジニアが軽いノリで「ここに住めばいいやん」と言ってくれた。その時ちょうど新しい滞在先を探していたオレは、その誘いを喜んで受け、しばらく住ませてもらうことになったのだった。

だが、オレが実際にそこに居ることが出来たのは、思っていたよりもずいぶん短い間だった。

YOUTH PROMOTION の建物の中は数部屋に分かれていて、部屋ごとにリハーサルスタジオ、ボイシングルーム、レコーディングスタジオ、ダブ録りのために使う簡易な設備を揃えたダブスタジオがあった。オレはこの中の、リハーサルスタジオに住ませてもらっていたのだが、当然ベッドもないし、ソファーもないので、床に毛布を敷いて寝泊まりしていた。

このスタジオの建物から外に出て20～30ｍぐらい歩いた敷地内の一角には、YOUTH PROMOTION のみんなが溜まり場にしている場所があった。

レゲエで歌われるリリックに時折出てくる、いわゆる Corner というやつだ。「Pon di corner」というヒットチューンがあるが、その楽曲で歌われる内容よろしく、みんなそこに集まり椅子を並べ、チルしていた。オレもその中に紛れ込みながら、毎日みんなと一緒に談笑をしていた。

ある日、YOUTH PROMOTION に面した通りの向こうから、くすんだ白のボディのボロボロのセダンが近づいてきた。不自然なほどにノロノロと走っている。だが、その時はまだ、その場にいる誰も気に留めていなかった。

そのまま近づいてきたセダンがちょうどオレ達の前に差し掛かった時、助手席の窓が開いた。その場にいた数人が車の方に目をやった瞬間、窓の隙間から、銃口が覗いた。

その瞬間、オレは座っていた椅子から転げ落ちていた。直前まで横に座り、一緒に談笑していたジャマイカ人に突き飛ばされていたのだ。

「えっ、何⁉」

オレが事態を把握するよりも早く、「バババババッ」と、轟く様な銃声が響いた。

ドライブバイシューティング。話には聞いたことがあった。走行中の自動車からの銃の乱射。ジャマイカでは、対立するギャング同士の抗争の中で、割と頻繁に起こる出来事だという。今でもしばしばアーティストがその標的になり、訃報が届くことがある。

本当に一瞬の出来事だった。椅子から落ちたまま伏せていたオレが、銃声が止んだことを確認して周囲を見渡すと、オレを庇ってくれたジャマイカ人が全身に銃弾を浴び、その場に倒れているのが目に入った。

「スタジオに入れ!」誰かが叫んだ。

オレは状況が理解できないまま、スタジオに駆け戻った。どうやら銃弾を浴びた彼は、即死だったようだ。

エンジニアが、オレに「お前は外でるな」と告げた。オレは指示に従い、スタジオの中でじっとしていた。どうやら外では警察なども来て、現場検証などが行われていたようだった。後から聞いて知ったのだが、ゲットーとゲットーの抗争のようなものがあり、この時期はその喧嘩の最中だったらしい。そんなこと、オレはもちろん知らなかった。それにこの頃はまだ言葉も勉強中で、3歳児くらいの語学力しかなかったから、みんなが話していることを完全には理解することができず、状況も掴めずにいた。

エンジニアからは、「当分こんな状況が続くかもしれないから、あまり外に出ないほうがいい」と言われ、オレは素直に「わかった」と応じた。

スタジオの敷地のゲートにはめちゃくちゃ大きい鉄の扉があったが、完全にロックされ、厳戒態勢が敷かれた。もし食べ物を買いに出たりする場合は、門番に言って外出するように言われた。

次の日、朝、朝食を買いに出かけようとゲートに向かうと、何やら騒がしい。

「えっ　なになに？」となって人混みをかき分け、前列まで出ると、そこには昨日まで元気だった門番が、冷たくなって転がっていた。今朝までの間に、またしても敵対する勢力の強襲を受けたのだろうか、凶弾に倒れてしまっていたのだ。昨日の今日である。特に親しくしていたわけでは無かったとはいえ、こんなに立て続けに、自分の周りにいた人達が殺されてしまう事になるとは思っていなかった。衝撃だった。

オレが「えぇぇ……」となっているとエンジニアが「ジュニア、お前このまま、ここにいたらまずい事になるかもしれない。他のとこへ行った方がいい」と声をかけてきた。オレは素直にその提案を受け入れ、次の住む場所を探し出したのだった。

もちろんお金のない状態のままだったから、どこでもいいわけじゃない。家賃などがある程度融通の利くところを探さないといけない。だが、オレには1つ心当たりがあった。

そののちに、長く住む事になる、Kings Houseというジャマイカ人のおばちゃんが経営しているゲストハウスだ。

そこには以前に何度か行ったことがあった。初めて訪れたのは東京のレゲエクルー、V.I.P. Internationalのカミシロ君がそこに住んでいた時だった。日本でもお世話になったことがあったので、会いに行ったのだった。

その後に、同い年の446がそこに住んでいた時があり、何度か遊びに行っていた。タクシーが走っていない時間になると、そのまま泊めてもらったりもしていた。オーナーのおばちゃんにも何度か顔を合わせていたが、いい人そうな印象が残っていた。「あのおばちゃんなら、ちょっとくらい無理聞いてくれるかも」と、頼ってみる事にした。

Kings Houseを訪れ、正直に「今、金ないねんけど、絶対払うから」と住ませてくれるように頼み込むと、すんなりとOKをもらうことができた。

このおばちゃんにそこからしばらく、とてもお世話になった。

これは後から聞いた話だが、オレがKings Houseを離れてからも、日本からジャマイカに来た色んなサウンドマンがおばちゃんの元を訪ねては、住ませてくれと頼み込んでいたらしい。するとおばちゃんはその度に、「ジュニアの友達かいな！　泊まりぃ泊まりぃ！」と気楽に受け入れてくれていたというのだ。

残念ながら数年前にもう亡くなってしまったのだが、本当にいいおばちゃんだった。

ジャマイカの留置所

オレは今でこそ1人でRED SPIDERとして活動しているが、初期の頃は兄のシルキンなども含め、オレの他にも数名のメンバーがいた。大体は元々のスケーター仲間で、オレと一緒にレゲエにハマって行った奴らだった。オレがジャマイカで多くの時間を過ごすようになったこの頃は、メンバーがジャマイカに来るとよく行動を共にしていた。

まだ20代になりたてでバカだったオレ達は、ジャマイカからガンジャを持って帰って、それを日本で捌いて一儲けする計画を立てた。ジャマイカでは簡単に入手できてしまう5kgものガンジャをメンバーのひとりに託してキングストンの空港で見送ったのだが、そこから国内線を乗り継ぎ、ジャマイカからの出国の玄関口となるMontego bayの空港の税関で警察に見つかり、あえなく即時逮捕されてしまったのだ。

大使館の人からの「留置所にいらっしゃいますが、会いにいかれますか？」と言った内容の電話で、逮捕の事実を知ったオレは、ひとまずMontego bayの留置所に勾留されているというそのメンバーに会いに行くことにした。とにかく、一度会って、弁護士の手配の相談などせねばなるまい。

下道で4時間ほどかかるMontego bayまで車を走らせ、メンバーの勾留されている留置所につくと、オレはすぐ面会の手続きをした。すでに大使館の方から話は通っていたようで、早速担当の職員が面会場所まで案内してくれる。

留置所での面会ということなので、オレはてっきり、面会室みたいな個室に通されて対面して穴の空いたアクリル板越しに話す、といった状況を想像しながら職員の後ろをついていった。だが、着いてみると想像していたような状況とはまるで違っていた。

通されたのはメンバーが拘留されている、そのまさに牢屋のある部屋だった。鉄格子から10m程の距離を取って、そこから大声で相談をする、というなかなかありえないシチュエーション。そこにはもちろん、一緒に拘留されているジャマイカ人などもいっぱい居る。プライバシーもへったくれもない。どうやらこのまま、その牢屋に勾留されている人達の前で話すことになるようだ。

オレとメンバーのやつが日本語で「弁護士どうするー!?」「手配頼むわー!」と大声でやり合っていると、日本語でのやりとりの内容が気になったジャマイカ人が、牢屋の中から「お前らパトワで喋れや!」とパトワで野次を飛ばしてくる。まるでコントの一場面のような状況で、もう、ややこしくってしかたがない。

オレは「さすがジャマイカやな……」などと思いながら、留置所を後にし、すぐに弁護士の手配をした。

その後も面会や裁判など、オレの住んでいるキングストンとMontego bayの片道4時間ほどの距離を何度も何度も行き来した。日本で言うと、ちょうど下道で大阪から名古屋くらいの距離だと思う。この距離を1人だけで向かうのは体力的にも気持ちの面でもしんどくて、当時ジャマイカに住んでいた日本人に「一緒に行こうや」と同行をお願いして、ついてきてもらったりしていた。

ある日、Montego bayまで行った、帰り道でまた事件が起きた。

キングストンまでのサトウキビ畑に囲まれた田舎道を走っている最中、同行者もみんな疲れて、ノロノロと運転をしていた。すると後ろから、GMCか何かのピックアップトラックが猛スピードで迫ってきた。そのアメ車はあれよあれよという間に車間を詰めてくる。

「え、やば」と思った瞬間、「ドォーーーーン！」という音とともに、ものすごい衝撃を感じた。するとオレ達の乗った車は、道路から押し出され、道路脇にあった収穫後のサトウキビがうずたかく積まれた小山をジャンプ台にしてしまった。まるで西部警察だ。バァーーーン！　とジャンプし、ひっくり返った状態で着地してしまった。

田舎道の為、運の悪いことにジャンプした方向の先にはガードレールのない崖がある。車はひっくり返ってしまったまま、崖の方向へ滑っていく。オレは死を覚悟した。だが、不幸中の幸いに、車は崖の目の前で止まった。

「よかった……」と思いながら、オレはひっくり返った車から這い出た。どうやらオレ以外もとりあえず命は無事のようで、みんな車から這い出してきた。

オレが状況を掴めずにいると、近くの道端でサトウキビを売っていたおじさんが、「大丈夫か⁉」と駆け寄ってきてくれた。オレが「何が起こったん⁉」と尋ねると、「お前ら当て逃げされてん」という。なんでも追突してきたアメ車は、一旦は停車していたものの、そのまま走り去ってしまったのだという。辺りを見回しても、確かにそれらしき車は見当たらない。

「くそっ、どこ行きよってん」と言いながらダメ元で探していると、騒ぎに気づいた人達が、野次馬のように集まってきた。

その時だ。急に、サトウキビ売りのおじさんが「こいつや！」と叫んで1人の男を羽交い締めにしたのである。

どうやら追突されたオレ達に顔はバレていないはずと考えたアメ車の運転手が、さすがに事故の顛末が気になって、遠くに車を停めてから歩いて様子を窺いに戻ってきていたらしい。

そして何食わぬ顔で野次馬に交ざっているところを、サトウキビ売りのおじさんに見つかってしまったのだ。事故直後、一旦車を停めた際に、おじさんにバッチリ顔を見られていたことを知らずに。

オレ達は、運転手を引き渡してもらって、そのまますぐに警察に突き出した。

まさか留置所の帰りにこんな出来事に巻き込まれるとは。でもそんなマンガみたいな出来事が毎日のように巻き起こるのがジャマイカという国でもある。

ちなみにRED SPIDERのメンバーだったやつは、その後刑が確定し、半年ほど刑務所に入ることになった。

その時同じ刑務所では、ジャマイカのスーパースター、Ninjamanが服役しており、3部屋隣の部屋に居たらしい。元メンバーから聞いた話によるとNinjamanは服役中もはやりNinjamanで、朝になるとよく響く声で歌い出すのだそうだ。毎日その声で目を覚ましていたらしい。目覚ましがNinjaman。

その話を聞いてオレは思った。「さすがジャマイカやな」と。

ナタで襲われてキレる彼女

ジャマイカは銃社会だ。別にギャングとかでなくても、結構な割合で銃を持っていたりする。これはレゲエアーティストなどでも同様で、そんなに強面キャラのアーティストじゃなくても、ダブの録音中に腕を上げた瞬間などに、胸元にしまった銃がチラッと見えたりすることがある。

当時オレはジャマイカの女性と付き合っていた。彼女はゲットーに住む、いわゆるゲットーガール。

その女性に会いに、オレはよく彼女の住むゲットーに会いに行っていた。

もう少しで彼女の家に着く、ほんの少し手前のところに差し掛かった時だ。ゲットーの狭い道の前方から、1台の車が走ってきた。ハイエースのような、大きめのバンだ。

バックで少し広いところまで戻り、道を譲るのも面倒に思えて、オレはクラクションを鳴らした。

「パァーーーーーン！」するとバンの方も道を譲る意思はないようで「パァーーーーーーン！」とクラクションを鳴らしてくる。しばらくクラクションのやり合いをしていると、バンの運転手は窓から顔を出し「チャイニーボーイ！　はよどけや！」などといった内容のパトワで捲《まく》し立てる。オレはそれを無視して、クラクションを「パァパァパァパァーーーー！」と連打する。すると運転手は、急に車を降り、こちらに向かって来た。手には、大きなナタを持っている。

オレは1度目にジャマイカに訪れて以来、ナタが少しトラウマになっていた。「うわっ、やばい、やばい！　あれ頭に刺さるやつやん！」そう思いながら、クラクションを鳴らしまくった。するとそこに、2、3人の若いジャマイカ人が駆け寄ってきた。全員、手には銃を持っている。

「ジュニアどうしたー⁉」

それは少し先にある彼女の家で一緒に住んでいる、彼女の弟だった。けたたましく鳴るクラクションの音に、何事かと様子を見に出てきたようだった。

オレがバンの運転手と揉めかけていることを察した彼女の弟は、持っていた銃を、ナタを持ったその運転手のこめかみに突き付けた。さっきまで威勢の良かったバンの運転手はもうすっかり戦意を喪失し、「オレ、退くから、退くから」と話す声が少し震えている。

間一髪で場が収まり、「助かったぁー」と思っていると、向こうからオレの彼女本人が駆け寄ってきた。「どうしたん⁉ ジュニア！」と少し慌てた様子で話す彼女のその手には、当たり前のように拳銃が握りしめられていた。オレは思った。

「お前もかいっ！」

ゲットーガールに驚かされる事は多い。普段は普通の女の子といった感じでも、闘争心に火がつくと、その勢いがもう止められなくなるようなことはしばしばある。

数年後の、オレがNew Kingstonに住んでいた時のことだ。

New Kingstonはアップタウンだ。ジャマイカで1番の高級ホテルであるペガサスホテルや、現在は無くなってしまったが、ヒルトンホテルなどもあったような場所である。

当時オレはその近くに住んでいて、その日もジャマイカ人の彼女が遊びに来ていた。彼女は友人と電話でキャッキャと楽しげに電話をしていたが、オレは仕事の話で日本に電話をしなければならなかったので、少しの間外で話していてくれと頼んだ。彼女は渋々外に出て、おしゃべりを続けた。

オレは早速、日本のスタッフに電話をかけ仕事の話を始めた。10分ほどが経った時だ。突然、外から「ギャアアアアアア」と言うすごい叫び声が聞こえた。どうやら彼女の声のようだ。

オレは驚いて外に出た。するとそこには、血だらけになった彼女がうずくまっていた。オレが慌てて駆け寄り「どうしたん⁉」と尋ねると、彼女は答えた。

「マチェットでどつかれた！」

またナタだ。何やら通りがかった男に急に襲われ、ナタを頭に振り下ろされたのだという。ゲットーの中ならわからなくもないが、ここはNew Kingston、ジャマイカ随一の都会である。「そんなことある⁉」とも思ったが、とりあえず今はそんなことを考えている時ではない。

とり急ぎ、彼女を車に乗せ、オレは救急病院へと向かった。

病院に着くと、すぐに手術が始まった。しばらく待っていると頭に包帯を巻いた彼女が出てきた。どうやら10針ほど縫ったらしいが、とりあえず命に別状はないようだ。本当は少し休ませてやりたかったが、警察への報告もせねばなるまい。オレ達はそのまま警察署へと車を走らせた。

警察について事情を話すと、何やらその時期、その通り魔がそこら中に出没していたらしく、結構な数の被害報告が届いていたそうだ。それも決まってNew KingstonやCross Road付近の都会に出るらしい。警察官から「本当に気を付けてくれ」と声を掛けられたが、オレは「いや、もうやられた後やがな。遅いわ」などと返しながら警察署を後にした。

車に戻ってからも彼女は「ほんま許されへん！」と憤っている。オレも当然腹を立てていたが、彼女があんまり怒るとせっかく縫った傷口からまた血が滲みそうな気がして、「まぁまぁ」となだめつつ、自宅へと車を走らせた。

途中、立ちんぼが沢山いる通りを通った。すると、何やら人混みができている。立ちんぼの人が喧嘩でもしているのだろうか。だが喧嘩にしては、何やら様子が変だなと思いながら見ていると、立ちんぼの1人と思しき女性が頭から血を流して倒れているのがわかった。

「うわっ、またさっきの通り魔のやつちゃうん！」そう思いながら、そこから少し先まで車を走らせると、路上で誰かが取り押さえられている。

「あいつやー!!!」

突然助手席に乗っていた彼女が叫んだ。

オレがびっくりして車を停めると、彼女は車を飛び出て、駆け寄ろうとする。オレも慌てて車を降り、人混みに近づく。聞くと、倒れていた女性の仲間が、その通り魔を追いかけて捕まえた所だったようだ。今から警察に突き出すらしい。

彼女はというと、「お前コラァァァァ！」とすっかり激昂してしまい、傷が開いてしまったのか、頭に巻いた包帯に血が滲んでしまっている。いわんこっちゃない。直接仕返しをしたい気持ちもわかるが、もう警察に突き出す流れになっているのもあって、オレは「まぁまぁまぁまぁ」と彼女をなだめた。

やがてパトカーが来て、その通り魔に手錠をはめて連れて行ったので、オレ達は車に戻り、さっき後にしたばっかりだったCross Roadの警察署へと向かった。警察署に着くと、そこには大勢の被害者らしき人達と、さっきの通り魔がいた。

その顔を見た瞬間だった。我慢できなくなった彼女は、警察署の受付カウンターを飛び越え、通り魔に対して思いっきり飛び蹴りをかましたのだ。鮮やかだった。

そばにいた警官が「おいおいおいおいおい」と慌てて止めに入るも、彼女の頭の傷はもう、パックリと開いてしまったようで、血が溢れ、さっきまで白かった包帯は余すとこなく真っ赤に染まっている。鮮やかな赤だった。

オレはその光景を眺めながら「こりゃまた縫い直しやなぁ。しかしやっぱ、ゲットーガールのバイブスやばいなぁ」とぼんやりと思っていた。

後日この通り魔事件は新聞にも載った。被害者は20人以上にも上ったようだ。理由は特に何かがあったわけでもなく、無差別の猟奇的犯行とのことだった。犯人は賠償費用なども持っておらず、慰謝料も何もなかったが、とにかく、彼女が生きていて良かったとオレは思った。

しかしまぁ、ナタだけはもう、勘弁してほしい。

無事では済まなかった後輩

近頃になって「ジャマイカではめちゃくちゃ親切にしてもらいました」「ジャマイカでは別人みた

いに優しかったです」などと後輩のサウンドマンに言われることがある。オレはたしかに人見知りなのもあって、日本にいるとぶっきらぼうな態度を取ることがよくある。面倒なことや勝手のわからないことなどは、だいたい後輩やスタッフに任せたりするので、たまに1人で電車に乗ろうとすると、切符の買い方も忘れていたりするほどだ。

だが日本とは違って、ジャマイカにいると、後輩達の方が勝手のわからないことが多い上に、言葉を話せないことが多いので、サポートをすることがある。優しさというより、普通のことだ。ここまででも話したように、ジャマイカは危険な国ではあるので、できるだけ要らぬトラブルに巻き込まれてしまって欲しくはない。

だが、中には無事じゃなかったやつもいる。

オレがジャマイカに住んでいる時に、とある後輩サウンドマンがオレを訪ねてきた。普段日本に住んでいるその後輩とは久々に会ったというのもあり、いろいろな話をしている間に、気がついたら夜中の2時、3時くらいになっていた。

ちょうど腹の減る時間である。ジャマイカには24時間営業のケンタッキーフライドチキンの店舗があって、オレは小腹がすくとよくそこにチキンを買いに行っていた。

オレが「ケンタッキー買いに行こかな」というと、後輩が気を遣って「いや、僕買ってきますよ！」と言った。「え、行ける？　お前」とオレは不安を感じたが、後輩は「余裕っすよ！　行けるっすよ！」

と答える。

その後輩も何度かジャマイカに訪れていたので、ある程度の言葉は話せる。とはいえ、今は深夜だ。キングストンの夜道が安全なわけがない。

「ほんまか？　行ける？　お前」とオレはまた確かめたが、後輩は変わらず「余裕っすよ！　行けるっす！」と答える。

この時住んでいたのは、ゲットーではないものの、ゲットーの入口ぐらいのところだった。そんなに頻繁にではなくとも、しばしば悪い奴がうろつく事がある地域だ。そのことは後輩も知っているはずだ。

「ほんまか？」オレはもう一度念を押した。それでも後輩は「余裕っすよー！」と答えるので「じゃあ頼むわ！」と言って、お金を渡した。

「オレの車、乗って行くか？」

歩くと15分ほどはかかりそうな距離なので、オレは車で行くことを勧めたのだが、後輩は「大丈夫っす！　歩いて行くっす！」と元気に答える。

大通りに出るまで少しばかり暗い道もあるが、これだけ確認しても本人は「行ける」と言って聞かないし、まぁ大丈夫だろうと、オレは「門、外からは開かへんし、帰ってきたら合図してな」と後輩に告げ、送り出した。

徒歩で行くと、オーダーの時間を考えてもスムーズにいったら往復で40分ほどだろう。そう思いしばらく待っていたのだが、後輩は50分経っても、1時間経っても戻ってこない。しだいに嫌な予感がしだしたものの、オレはそのまま1時間半ほど待っていた。だがそれでも、後輩はいっこうに帰ってこない。

「これなんかあったやろ、見に行こか」とオレが車のキーを手にしたその時だった。

門が、ガチャガチャガチャガチャと音を立てた。合図だ。

「あ！　帰ってきた！」とオレが門を開けると、そこには、暗闇の中、パンツいっちょの後輩が立っていた。もちろんケンタッキーも持っていない。

情けない格好で落ち込んだ様子の後輩は、「全部やられました……」と事情を説明し出した。どうやら追い剥ぎに遭遇してしまい、有り金も洋服も全て奪われてしまったのだという。

幸い抵抗せずに渡すものを渡したおかげで、怪我などはしていなかったが、こういう無事じゃ済まなかったパターンもやはりあるのだ。

ちなみにこの後輩はなかなかトラブルメーカーで、他にもしばしばトラブルに巻き込まれていた。そのうちのひとつのエピソードだ。

その日後輩はショッピングモールがあったりする繁華街、Half Way Treeに遊びに出かけた。そのHalf Way Treeの街角で、カードゲームに興じていたらしい。

ジャマイカではよく街角で、机の上にカードを4枚並べてシャッフルして、指定された数字にベットする、カードゲームというか賭けみたいなことをして遊んでいる奴らがいる。

このゲーム、サクラがとても多く、観光客などはしばしば巻き上げられるお馴染みのやつなのだが、後輩はそんなことは露知らず、声をかけられてまんまとそれに参加していたのだ。ゲームに参加してすぐの間は、いい感じで勝たせてもらえたりして、のめり込んでしまうと急に勝てなくなり、その後はずっと負け続け、有り金全てを奪われる流れ。まぁ万国共通の賭博の常套手段なわけだ。それを知らない、昨日、今日ジャマイカに来たやつなどは、いいカモになってしまう。

後輩は、途中で「これ詐欺やん！」と気づき、相手に向かって「Ginnal《ジナル》」と言ったらしい。「Ginnal」とは「嘘つき」のような意味で、ジャマイカでは結構な罵り言葉だ。「お前ジナル！　ジナルや！」と言った具合のことを言っていると、相手のジャマイカ人は「誰がジナルやねん！」と激怒し、そばにあった瓶を「バリーーーン！」と割り、後輩の肩から上腕にかけての辺りを「グサッ」と突き刺したのだ。

後輩はそのまま病院に運ばれ、10数針縫って帰ってきた。瓶を割ったもので刺されたので、傷口はきれいな円形になって残っていた。

幸いこの時も、命に関わるようなことにはならなかった。それにまぁこの話は、ジャマイカ云々じゃなく、この後輩のそそっかしさが呼び込んでしまった出来事だったかもしれない。

ちなみにその抜糸は、オレがやってやった。シュルシュルって。

第7章

進歩

自分でプロデュースしたい！

1年の大半をジャマイカで過ごすようになった当初は、やはりとにかくダブをたくさん録って、サウンド活動でのし上がりたいという気持ちが第一だった。

でもジャマイカと日本を行き来している内に「オレも自分で曲プロデュースしたい」とか「オレがレーベルやってレコード出したい」という気持ちがだんだんと芽生えてきた。

自然なことだったとは思う。ダブの延長線上にプロデュースという存在はある。ダブではオリジナルの楽曲とはオケを変えたり、リリックを一部変えたりして自分だけしか持っていない音源に作り替えるわけだが、原曲があるのであくまで借り物なニュアンスがつきまとう。それにそもそも1曲ずつ販売したりすることができないので、制作費はかかる一方だ。

どうせなら、自分が一から作った曲でヒットを出したいと思うのは当然だっただろう。

だが当時、自分の作った音楽を世の中に発表するというのは、なかなか至難の業だった。

今でこそパソコンひとつで音源を制作したり、クリックひとつで世界中の人に向けてその音源を発表したりできるような状況があるが、当時はインターネットすらもまだ一般化していない時代だ。音楽制作は今ほど簡単に取り組めるようなものではなく、時間と手間がそれこそ何倍もかかったし、それに伴って今と比べ物にならないくらいの予算も必要となった。現在のように、アーティストがインディーズで簡単にアルバムを出したりするのは、夢のまた夢だったといっていいだろう。

だからアーティストとして活動していても、ほとんどの場合でどこかのメジャーのレコード会社と手を組んだレーベルから声がかかるのを待つしかなく、リリースのチャンスに恵まれることは本当にラッキーなことだった。

オレがレゲエに出会った92年頃は、日本人によるレゲエというのはなかなかマニアックなジャンルで、リリースといえばモンキーさんが参加していた『HARD MAN FI DEAD』や、ＫＵＲＴＩＳ ＦＬＹこと小島さんの参加していた『ニポニーズラガマフィン』などのようなコンピレーションアルバムが1年に数枚程度発表されるぐらいのものだった。アーティスト名義のフルアルバムとなると、ランキンさんやＮＡＨＫＩさんなどのジャパニーズレゲエのオリジネーターと呼ばれる人達くらいのものなので、リリースされる作品は本当に少なかった。

その後93年にV.I.P. INTERNATIONALというレーベルが立て続けに3枚のコンピレーションアルバムを発売したり、94年にファットさんの参加している関西のレゲエシーンに焦点を当てたコンピレーションアルバム『Ｒｅｇｇａｅちゃうの?』が発売されたりしていたものの、まだまだオレ達と年齢の近い、若手アーティストに声のかかる雰囲気は感じなかった。

流れが変わってきたように感じたのは、その翌年、JAPjamというレーベルからＮＧ君の楽曲がリリースされた頃だっただろうか。喜連瓜破のエイリアンスポットで見ていたNG HEAD。おもしろハウスでオレのプレイを1時間見てくれていたNG HEAD。オレと2学年しか変わらないあのNG君が、レコードをリリースしたのだ。

その曲がみるみるヒットしていくのを見ていたのも「オレも自分でプロデュースして曲出したい!」と思うようになった一因だったと思う。

だが、プロデュースをやりたいと思っても、実際のところプロデュースというのは何をすれば良いのか、この時オレはまだほとんどわかってなかった。

初めてのプロデュース作品

NG君が楽曲をリリースしたこのJAPjamは、本当に革命的なレーベルだった。このレーベルこそ、今の日本語レゲエの系譜の源流だといっても過言ではないと思っている。ジャマイカのレゲエの単なる模倣にとどまらない、日本語の面白さ、日本人だからこそのメッセージに溢れた骨太のレゲエを次々と生み出していた。三木道三やNANJAMANといったレジェンドアーティストを世に送り出したのもこのレーベルだ。

このレーベルを作り、プロデューサーとして活動していたのがB.P.さんという人だった。

日本人でありながら、ジャマイカ人のコミュニティの中にどっしりと構え、曲作り、レコーディング、ミックスダウン、レコードのプレスまで全てジャマイカで行い、日本の市場に送り込んでくる逆輸入的スタイルを確立し、94年から97年くらいにかけてこのJAPjamレーベルから日本語レゲエのクラシックとなっている楽曲を量産していた。

オレはちょうどこの頃くらいから、1年の大半をジャマイカで過ごすようになっていたのもあり、たびたびB．P．さんの制作作業について回っていた。もちろん、プロデューサーの仕事というものを覚えるためだ。

まずRiddimを用意して、楽曲の方向性やリリックを、アーティストと共に作っていく。曲ができたら、スタジオを押さえジャマイカ人のエンジニアに録音をしてもらう。この時のスタジオはダブ録りの時に使うような簡素なスタジオではダメで、ちゃんと質のいい機材や、ボイスルームの揃っているスタジオを選ぶ。録音が終わると、エンジニアと相談しながらミキシングの作業を行い、さらにマスタリングという仕上げの工程へと進む。

そうやってマスターテープが出来上がると、それをレコードプレス工場に持ち込む。プレス工場でレコードをプレスして製品が出来上がると、そのレコードをレコードショップに置いてもらえるように交渉をする。そこまでがレコードで楽曲を発表するまでの簡単な流れだ。

レゲエの場合、楽曲の制作だけでなく、こういった商品としてのレコードの生産やディストリビューションなどのビジネス面までも、全てプロデューサーがトータルで管理するのが基本形だ。少し専門的な話になるが、これらに付随する制作費などの資金の工面もするため、原盤権という著作権の一種を全てプロデューサーが保持する形になることが多い。名実ともに、プロデュース楽曲は〝自分の曲〟になるのである。

オレはB．P．さんの制作作業について回ることによって、こういった部分まで見習わせてもらうことができた。

20歳くらいになった頃、そろそろ自分のレーベルから曲を出したいなと思っていたが、問題はRiddimだった。ダブとは違い、当然オリジナルの物がいる。今のように機材も持っていないから自分で作ったりもできない。ミュージシャンを揃えて一から作ろうと思うと、かなりの予算がかかったりする。とにかくこの関門を越えなくてはならない。

どうにかならないかと悩んでいると、モンキーさんが「Riddim使っていいで」と言ってくれた。モンキーさんが自身のGHETTO YOUTH ENTERTAINMENTのレーベルからリリースしていた時のRiddim、「スタラグ」のリメイクトラックを使わせてくれるというのだ。

オレは「おお！　これは、いける！」と思い、喜び勇んだ。早速同い年で当時ジャマイカでもよく一緒に遊んでいた泉州のＤＥＥＪＡＹ、４４６や、オレの兄でもあるＤＥＥＪＡＹ、ＳＩＬＶＥＲ ＫＩＮＧに早速「曲やろや！」と声をかけた。

録音からミキシング、マスタリングへと作業を進め、完成したマスター音源をDYNAMIC RECORDSというプレス工場に持ち込んだ。そして自分でなんとか工面したプレス代を支払い、1000枚ほどのレコードを作った。

こうして完成した446の「NEVER GIVE UP」とSILVER KINGの「KAMIKAZE」、GHETTO YOUTH ENTERTAINMENTのレーベルから出たこの2曲が、オレの初めてのプロデュース作品となった。

レコードができると、オレはそれを日本へ持ち帰り、レゲエを専門に取り扱う大阪のレコードショップに取り扱ってもらえるように頼んで回った。

以前からオレが買い付けしたレコードを卸していたレコードショップだけでなく、当時北海道から大阪に進出したばかりだったRockers Island、泉州のLOW LOUD RECORDSやSuper Starなど、大阪を中心に多くのレコードショップで取り扱ってもらえ、有難いことに、プレスした分、全てのレコードは捌ききることが出来た。

一連の流れを終え、オレは売上や掛かった経費を計算してみた。元々これで一気に儲けようとも思ってはいなかったが、手元に残ったのは想定していたよりも少ない、微々たる利益だった。

ただ、金銭的な利益は少なかったとはいえ、オレはこの一連の流れでレコードビジネスについての感覚を掴むことができた。1曲世に出すにあたって、これだけの予算がかかって、これだけ売れて、これだけ儲けが出る。そう言ったことを、自らの体験として、20歳そこらで身につけることが出来たのだ。今思うと、これはオレにとって大きな出来事だった。

カエルスタジオの麻苧君

2枚のレコードを世に出して、オレはもっとどんどんプロデュースをやりたくなっていた。だが、プロデュースにはやはりお金がかかる。このこともオレが前回のプロデュースで学んだことだった。リズムトラックを借りて制作することの出来た前回でさえ、思ったような利益はあげることは出来なかったのだ。

お金はまた貯めればいいと言っても、この時のオレのメインはプロデューサーとしての活動ではなく、サウンド活動の方だ。もちろんダブも録らねばならない。

ここまで読み進めてきてくれた人ならすでにご存知の事だとは思うが、オレには常に金がなかった。なにか行動を起こしたいと思っても、今のようにクラウドファンディングみたいなものがあるわけじゃない。人付き合いも得意な方ではないので、出資してくれるようなスポンサーが見つかるとも思えない。だから「しばらくは次の作品は難しいかな」と思いながら、しばらくモジモジする期間を過ごさざるを得なかった。

この時期、オレはほとんどの時間をジャマイカで過ごしていた。18、19歳くらいで始めたレコードの買い付けの仕事をしながら、ダブを録る。そんな生活を続けていた。ジャマイカで中古のレコードを集めては、日本のレコードショップに卸すことで、月に数十万円の収益を得ていた。だが、稼いだ分の幾らかは買い付けの費用に回さなくてはいけないし、余裕が出ると全てをダブに使うから、暮らし自体は相変わらずギリギリだった。

ビザの関係もあって、たまに日本へも帰らなくてはならない。日本へ帰ると、自分でイベントを企画したり、クラッシュに出たりしてRED SPIDERの名前を売ることを心がけていた。

そんな中、98年の6月、オレはTERMINATORという南大阪のサウンドとサウンドクラッシュをすることになった。TERMINATORはオレがレゲエを始めた頃にはすでに全国に名を轟かせていたビッグサウンドだった。オレはそれまでも幾度となくクラッシュを経験していたが、当時21歳のオレにとってはそれまでで最も強力な相手との大勝負だったといえるだろう。

そしてこの大勝負を通じて、オレは今までの人生で最も重要だったかもしれない、ある出会いを果たすこととなるのだ。

クラッシュの直前、ジャマイカの超有名シンガー、Freddie McGregorがちょうど来日していて大阪公演をしていた。オレはこのフレディにダブを録ってもらおうと、会場だった梅田の大きなライブハウスを訪ね、ショー終わりのフレディに「今からダブを録ってくれ」と頼んだ。

いきなりだったにも関わらずフレディが快諾してくれたので、オレはそのまま乗ってきた車、兄のシルキンが鳶の仕事のために乗っていた軽バンにフレディを乗せ、堺にあったQuestion Recordに向かった。高速料金なんてもちろん持ってないから、もちろん下道だ。Question Recordには初めてNG君のダブを録った時にも使ったダブスタジオが併設してあり、そこでフレディの歌を録音させてもらった。

ちなみにこの時フレディは、日本人なのに見るからにお金を持っていなさそうだったオレ達を見て仕方なく……だったかどうかはわからないが、なんとダブ代を請求することなく、録音した4曲をすべてプレゼントしてくれた。

ただ録音は終えたものの、この時点では音源はDATというデジタルテープに収められていた。だがターミネーターとのクラッシュで使用するには、これをレコードの状態にする必要があった。

当時はまだCD－Jなどが登場するよりずっと前だったので、DJプレイをするには必ずターンテーブルを使用する必要があり、ターンテーブルを使う以上、当然それはレコードの状態でないと使えない。そのために、金属の円盤を合成樹脂でコーティングしたアセテート盤というレコード盤をカッティングして音源を落とし込まなくてはならなかったのだ。

だからオレ達は、フレディを滞在先まで送ると、次はこのアセテート盤に音源を刻むために、当時日本で唯一と言われた高品質なカッティングマシーンを備えてあるスタジオに向かった。それがカエルスタジオだった。

当時、カエルスタジオをやっていた麻芋《あさお》君とは、まだ面識がなかったのだが……いや、一度だけ挨拶をしたことがあった。

オレは当時、日本にいるとよくアメリカ村でフライヤー撒きをしていた。今のアメリカ村は夜中になると人もまばらだが、当時は夜中でも昼間と見紛うほどに人が溢れ、車が通れないほどだった。

今でこそ、イベントの宣伝ツールといえばＳＮＳだが、この時は当然そんなものも存在しないので、イベントに人を集めるにはとにかくフライヤーを配ってイベントの存在を知ってもらうことが必要だった。アメリカ村はそれに最適の場所で、年齢の若い、レゲエが好きそうな人が沢山おり、ポケットティッシュを配るような感覚で「イベント来てくださーい」とよくフライヤーを配っていたのだ。

いつものようにフライヤーを配っていると、１人の先輩に出くわした。三木道三だった。

その３年後に、レゲエシーンの枠を飛び出し、日本人誰もが知るようなヒット曲、「Lifetime Respect」を発表する三木君。当時すでにJAPjamレーベルなどから発表された楽曲が軒並みヒットを遂げ、レゲエシーン期待のホープ、と言った存在だった。三木君とはジャマイカで出会い、ダブも録っていた。その縁で、三木君が発表した「ＭＩＫＩ－ＦＭ　１９９７ヘルス」というラジオ形式の作品にも少し参加したりもしていた。

三木君に挨拶すると、「これ、カエルスタジオっていうスタジオやってる麻芋」と隣にいた人物を紹介された。この名前を聞いて、オレはピンときた。

麻苧君の名前は噂で聞いて知っていたのだ。オレと同い年のやつが、なぜかは知らないが、カエルスタジオの麻苧という人に飛び蹴りされた。飛び蹴りされて2m吹っ飛んだ。そんな噂だった。今、オレの目の前にいる大男がその麻苧君だ。

麻苧君は大きかった。実際にはそんなこともないのだが、身長だけでなく、肩幅もありガタイのいい麻苧君は、当時のオレには2mほどもあるように見えた。三木君に「これが麻苧」と紹介された時に「でかーっ！　これに蹴られたらそら2m飛ぶわ！」と妙な納得を覚えた。

この時、麻苧君は「カッティングやってるからなんかあったら連絡して」と名刺をくれていた。フレディのダブをカッティングするため、オレはそこにあった電話番号に電話をかけた。「プレートをカットしたいんですけど」というと、麻苧君は気安く「ええよー。マスター持ってきてー」と応じてくれたので、当時日本橋のビルの一室にあった初代カエルスタジオを訪ねた。

しかし、オレはこの時点で麻苧君に大事なことを伝えていなかった。オレは、所持金が0円だったのだ。0円にも関わらずプレートをカットしようとしている。もしそれを先に知られたら、カッティングを断られるかもしれない。そうなるとフレディのダブが無駄になってしまう。それにどうせクラッシュが終わると、ギャラが入るだろう。イベントの集客から折半の予定だが数万円にはなるはずだ。カッティングのプレートがだいたい5、6000円。ギャラが入ればカッティグ代は支払えるはずだ。

それまでツケて貰えばいい、そう考えていた。

カットが終わると、オレは「金ないんすよ」とドキドキしながら伝えた。すると麻苧君は「ええよええよ」といった感じで、「ターミネーターとのクラッシュ観に行くわ！」と言われたので、オレは「ほんならその時に渡しますねー」と応じた……つもりだった。

ただ、後になってから麻苧君と当時の話をすると、お互いの理解が全然違ったようで、麻苧君にとっては「ジュニア金払わず飛びよった」となっていたようだった。プレート代の取り立てにターミネーターとのクラッシュをやっていたラブリッシュまで行ったものの、オレが払おうとしないから「払わへんのやったらカエルスタジオで働け」と言ったというのだ。

どっちのストーリーがより真実に近かったものか、今となってはわからない。ただ、オレがこのプレート代の支払いをしていないのは確かだ。そして、オレがこの後からカエルスタジオの仕事を手伝うようになるのもまた事実だ。

クラッシュに無事勝利した後、オレは麻苧君から「プレスとか手伝ってくれへん？」と言われた。当時カエルスタジオは、レーベルとしても動き出していて、ＰＵＳＨＩＭとＪＵＭＢＯ ＭＡＡＴＣＨの「裁き」などを筆頭に、ヒットチューンを生み出し始めているところで、そのレーベル業を手伝えというのだ。

カエルスタジオでも販売用のレコードのプレスはジャマイカで行っていたので、クラッシュを終えるとすぐにジャマイカに戻る予定だったオレは、ちょうど都合が良かったのだろう。それにオレはすでに自分でレコードを出したことがあったので、少なからず要領も心得ている。我ながら適任だったと思う。

この話を受けると、麻芧君に携帯電話を渡された。この時代はまだ珍しいことでもなかったのだが、オレは携帯電話を持っておらず、実家の電話しか連絡先がなかったからだ。画面はまだモノクロの、大きくて重い携帯電話だった。

麻芧君との付き合いはこんな感じで始まったから、「今日からおまえカエルな」といった明確な始まりはない。だが、この携帯を預かった辺りから、カエルに入っているような、入っていないような、不思議な関係が始まった。カエルスタジオの仕事を手伝っているうちに、仕事量が増えて、そのまま25年以上の時が過ぎたわけだ。

トイレの流れる音が入ったレコード

麻芧君から携帯を預かって、オレはまたジャマイカに戻った。元々やっていたレコードの買い付けに加え、カエルスタジオのレーベルの仕事も始め、合間の時間にダブを録る生活を続けた。そうやって1年ほどをジャマイカで忙しく過ごし、久しぶりに日本へ戻ってきた。

日本に戻ってきて、まず困ったのは、住むところだ。相変わらず手にしたお金はすぐにダブ代に使ってしまっていたので、オレは相変わらず貧乏をしていた。美原の実家、おもしろハウスに戻ることもできたが、大阪のレゲエシーンの中心はアメリカ村を含む〝ミナミ〟地域にあったので、少し遠すぎるなと思い、悩んでいた。

インターネットもない時代なので、やはり住む場所も近くに置いていないと、シーンの動きを敏感に察知して行動することができない。それが気になっていた。

そんなオレの様子を見て、麻苧君が「日本におる間、カエルスタジオに住んだらええやん」と言ってくれた。スタジオのエンジニアリングなどの仕事を手伝えば、家賃などもいらないという。オレは渡りに船と、その言葉に甘えて日本橋にあったカエルスタジオに住むことにした。

カエルスタジオはレゲエシーンに欠かせないプレートカッティング、ＤＡＴなどに録音されたダブのマスター音源をレコードのできる数少ない場所として重宝され、以前よりも多くのアーティストやサウンドマンが出入りする場所になっていた。

カエルスタジオでも曲を出していた同い年のＪＵＭＢＯ ＭＡＡＴＣＨもよく顔を出していたし、今カエルスタジオで共に活動をしているＫＥＮＴＹ ＧＲＯＳＳなどもそこで初めて出会った。

当時のカエルスタジオは手作りに毛が生えたくらいのもので、ボイシングルームがトイレだった。壁一面に卵の緩衝材を貼り付けて吸音できるようにしたトイレにマイクを設置し、そこで歌うのだ。

専用ならばまだいいが、トイレとしても使っていたので、誰かが歌っている時に催したりすると、歌を聴きながらトイレの前でモジモジとすることになった。

この日本橋のカエルスタジオでのダブセッションで思い出深いのがShineheadとのダブセッションだ。

Shineheadは「JAMAICAN IN NEW YORK」などのヒットで90年代に世界的なスターとなっていたレゲエアーティストだったが、このShineheadが来日した時に、マネージャーかツアーコーディネーターに「ダブ録りたいやつおったら集めてや」のようなことを言われて、カエルスタジオでダブセッションを行うことになった。オレが大阪のサウンドを中心に声をかけたところ、簡単に20曲分くらいが集まった。

実はこのダブセッションというのは、アーティストにとってなかなか馬鹿にならないビジネスだ。この時のShineheadのダブの値段が1曲5万か6万くらいだったので、20曲もあればShineheadにとっては100万ほどの売り上げになる。慣れたアーティストであれば、ダブの録音は1曲あたり5分ほどしかかけないので、ダブの内容の打ち合わせを含めても2時間ほどで100万稼げてしまえるわけだ。

Shineheadが気を良くしているのを見計らって、オレが「こんなけ集めてんから、曲ちょーだいや」と交渉をすると、Shineheadは「ええよ、あげるわ」と気軽に引き受けてくれた。少し打ち合わせをした後、Shinehead は早速またトイレのボイシングルームに入り、オレが流すリズムトラックに合わせて気持ち良さそうに歌い始めた。

だがオレが「おっ、いい感じいい感じ」と思いながらエンジニアルームで歌を聴いていると、突然「ジャーーーーー」という音が入ってきた。それも曲の途中でだ。オレは「え!? なんで？」となった。

ふざけてなのか、バイブスが上がって〝つい〟なのか、確かめることはしなかったが、Shinehead は歌いながらトイレのタンクのレバーハンドルをひねり、水を流していたのだ。

幸い歌の出来は良かったから、録り直すことはしなかった。それに、ダブ希望者を集めたギャラがわりだったとはいえ、サービスで録ってくれているダブだから、やり直させるのも少し気が引けた。

そんなこんなで、この時録ったオレの Shinehead のダブには、今もしっかり〝初代カエルスタジオのトイレの流れる音〟が効果音として録音されている、レアな代物になったのである。

RED SPIDERの知名度を上げた「ラバダブ'99」

ターミネーターとのクラッシュを経て、その音源がカセットテープに録音され、全国のストリートに出回ることで、オレのRED SPIDERとしての知名度は少し上がったようだったが、まだまだ実感を得られるほどものではなかった。

何か違う展開をしないとな、と考えていた矢先、麻苧君が「『ラバダブ'99』ってのをせぇへん？」と言ってくれた。ＲＥＤ ＳＰＩＤＥＲが中心となったＣＤを出してはどうか、しかも内容はラバダブを作品として世に出すというのだ。

ラバダブというのはセレクターのかけるリズムトラック、レゲエでいうところのRiddimに合わせて、ＤＥＥＪＡＹやシンガーと言ったアーティストが自分の持ち曲を歌い繋げていくレゲエ独特のパフォーマンスの1つだが、この形式に則りながら、録音をし、作品化をするのだという。そんなものは世の中に存在しなかったし、オレは考えたこともなかった。ライブパフォーマンスを収録したＣＤや、夜な夜な開催されているクラブでのラバダブを収録したテープはもちろん存在していたが、それとは似て非なる面白いものになるはずだ。

それまでオレにはレーベルで地道にアーティストの作品を作って出していくとか、そういう発想しかなかったし、ラバダブでＣＤを作るとは目から鱗だった。

麻苧君がいうには、そのキャスティングや構成をオレが考え、録音においても実際に仕切りながらアーティストを紹介するＭＣを担当するのだという。

オレはワクワクして、もちろんＯＫした。

ちょうどその頃は、ＴＯＫＩＷＡというクルーが事実上解散して、関西レゲエシーンに衝撃が走っていた頃だった。

ＴＯＫＩＷＡはそれまで大阪を中心に別々に活動をしていたＢＩＧ ＢＡＮＧ、ＤＩＧＩＴＡＬ ＢＡＳＥ、ＲＩＤＤＩＭ、ＲＯＰＲＯＳというクルーが合流することによって生まれたクルーで、ＲＹＯ ｔｈｅ ＳＫＹＷＡＬＫＥＲ、ＮＧ ＨＥＡＤ、ＰＵＳＨＩＭ、ＪＵＭＢＯ ＭＡＡＴＣＨ、ＴＡＫＡＦＩＮ、ＢＯＸＥＲ ＫＩＤといったアーティストや、現ＭＩＧＨＴＹ ＪＡＭ ＲＯＣＫのＫＹＡＲＡ君、ジャマイカでも世話になっていたＰＡＭ ＰＡＭことカツ君を要したスター集団だった。

まさに飛ぶ鳥を落とす勢いだったＴＯＫＩＷＡの存在により、関西のシーンは一気に活性化し、これから何かとんでもないうねりが起きようとするような、そんな予感を全国のレゲエシーンが感じていた最中の解散だった。

カリスマ的なクルーの存在がなくなった事により、関西のシーンで活動していた人達に、一抹の不安がよぎったことは想像に難くない。

ダブスタジオとして、またはレーベルとして、その動向を一から見ていた麻苧君としては、このムーブメントの火種をみすみす逃すわけにはいかないという思いもあったのだと思う。そこでまず打った手が、この「ラバダブ'99」だったわけだ。

さぁ、やると決まったからには、中途半端なものを出すわけにはいかない。オレはメンツ、曲順、「誰がどのタイミングで入ってくる」まで構成を入念に考えた。通常のラバダブとは違い、ある程度の筋書きをあらかじめ用意したわけだ。考え方としては、いわば一発録りのミックスを作るような要領だった。CDに収録できる限られた時間の中で起承転結をつけながら、聴く人がレゲエの面白さ、ラバダブの面白さを感じてくれる作品にしたかった。

まず「元TOKIWA勢が一番最後にガッと出てくるのがおもろいな」と思ったので、そこから逆算し、それまでの流れを組みつつ、「ここで誰々が出てきたらおもろいかも」とアイデアを入れ込んでいった。

構成が決まると、次は早速録音だ。台本があるとはいえ、ラバダブの生っぽさのような部分を失いたくなかったので、録音は一発録りにしたかった。ただ、十数人ものアーティストの楽曲を一気に録るため、通常のスタジオではなかなか難しい。そこで録音は堺のSound Bar Yo!で執り行う事にした。

Yo!はQuestion Recordの横にあったBamboo Houseという箱を改装してこの頃にオープンしたレゲエ箱で、ここならばこれだけのメンツが一気に入れるだけのスペースが十分にあるし、録音機材もある。アーティストにしても、お客さんこそ居ないものの、みんないつものラバダブの雰囲気でパフォーマンスすることができるだろうと考えた。

そうして、当時のアンダーグラウンドの熱量を封入した作品、「ラバダブ'99」は完成したのだった。

「ラバダブ'99」の特別だったところは、そのラバダブで使用するRiddimにおいても、全て権利者から正式に許諾を得た音源を使用できた事にあった。発売元となってくれるアルファエンタープライズは当時、レゲエ専門のレコード会社としてJAPjamの作品集を発売するほか、ジャマイカの名門レーベルJammy'sの正式な代理店として契約し、様々なレゲエＣＤを発売していた。そのため、Jammy's関連のRiddimをふんだんに使用することができ、その中から使用するRiddimを選んだ。

これがどう特別かというと、グレーな面が一切なくなるために、ＣＤを発売した時に、メジャーと同等のオーバーグラウンドの流通に乗せることができるという点にあった。

日本のＣＤ売り上げが最も大きく膨れ上がっていたこの時代、ＣＤショップというのは、音楽を広めるために最も大事なメディアの１つだった。ＣＤショップに作品が並ぶことは、そのメディアに取り上げてもらうも同義だったのだ。またＣＤを発売する事により、雑誌やフリーマガジンなど、活字媒体のメディアにも掲載してもらうことができた。こういった複合的要因でＲＥＤ ＳＰＩＤＥＲの名は一気に全国へ知れ渡ることとなった。

レコードやミックステープなどでアンダーグラウンドな層だけに働きかけていくのではなく、きちんと大人を巻き込んで大きな仕事をしていく。それを重ねていくことで、大きなうねりを作り出すことができる。麻苧君にはそんな明確なビジョンがあったのではないかと思う。

この「ラバダブ'99」をリリースしたことによって、ＲＥＤ ＳＰＩＤＥＲの名前は一気に全国に広まりはじめた。

アメリカ村にあったレゲエ箱Ｉ to Ｉでのリリースパーティを皮切りに、オレは初めての全国ツアーに出ることになった。今まで行ったことのなかった福岡や名古屋などを含め、十数箇所を「ラバダブ

'99」に参加してもらったアーティストを中心としたメンバー数名とともに巡った。元トキワのJUMBO MAATCH、TAKAFIN、BOXER KID、実兄のSILVER KING、イロコマネチこと女性DEEJAYのコマさん、KURTIS FLYこと大先輩の小島さんなどに参加してもらい、そのツアーの模様は後に「銃弾」というタイトルのカセットテープでリリースした。

このツアーはあくまで「ラバダブ'99」のリリースツアーだったので、どこの地域もラバダブショーケースをメインにしたツアーだった。だがそのファイナル公演に限っては、ラバダブとは趣向を変えて、サウンドクラッシュをすることになった。

ツアーに出ることによってさらに知名度も上がっていき、RED SPIDERに人気が出てきている事はオレも実感しつつあった。だがオレはツアーが終わったらまたジャマイカに戻る予定をしていた。ジャマイカに戻ると、その間もちろん日本国内での話題作りはやりにくくなる。せっかく火がつきかけているこのタイミングを逃すのはもったいない。もう少し、日本のレゲエシーンにRED SPIDERのインパクトを残しておく必要がある。麻苧君はそう考えたのだろう。「お前、日本にいる間にできることは全部しとけ」とサウンドクラッシュの提案をしてくれた。

オレが了解すると、麻苧君は早速対戦相手を探してくれて、JAM MASSIVEという広島のサウンドと、「ラバダブ'99」を録音した場所でもあった堺のSound Bar Yo!でサウンドクラッシュをすることとなった。

オレはジャマイカで録り溜めていたダブプレートを駆使し、このクラッシュに勝利した。この時のオレのプレイの模様はすぐさまカセットテープで音源化されたのだが、これは当時のカセットテープとしては中々のヒットを遂げたようだった。

数年経ってからの話だが、「あのクラッシュのテープを聴いてサウンドに興味を持ってレゲエ始めました」という後輩サウンドの声もよく聞いた。ちなみにオレはこの頃にはすでに今のスタイルに近い、関西弁のどぎつく刺激的なMCをするようになっていたのだが、もちろんこのカセットテープにはバッチリそれも収録されていた。

そのおかげでというか、〝せい〟でというか、当時まだ22歳くらいだったRED SPIDER〝ジュニア〟の名は「めちゃくちゃいいダブいっぱい持ってる、めちゃくちゃ口の悪い小僧」といったイメージが定着していくことになり、レゲエファンからしても、とにかく好き嫌いの分かれるサウンドとして全国に名を轟かせていくことになるのだった。

「SKY IS THE LIMIT」始動

オレはこの時期、もう1つのプロジェクトを進めだしていた。それはSKY IS THE LIMITという新しいレーベルだった。ラブリッシュでのターミネーターとのクラッシュの後、1年間ほどジャマイカに住みながらカエルスタジオのレコードのプレスを手伝っていた頃、日本にいる麻苧君と電話で話している中で「レーベルしろや。金全部出すから、好きなことやれ」と言ってくれたのだ。思いもよらなかった提案に、オレは「やったー!」と素直に喜んだ。

以前にプロデュース曲を出した際は、モンキーさんからスタラグというオケとGHETTO YOUTH ENTERTAINMENTという看板を借りるかたちでの挑戦だったが、今回は正真正銘の自分のレーベルだ。

オレは早速リズムトラックの制作に取り掛かることにした。どうせフレッシュなレーベルを始めるなら、現行のダンスホールのヤバさを表現できるレーベルにしたい。それまでの日本人のレーベルで多かった往年の名Riddimのリメイクではなく、ジャマイカのダンスのメインタイムにかかっているような、いわゆる〝イケイケ〟の最新のダンスホールビートで曲を作りたいと考えたオレは、SukuとSteelyという2人のプロデューサーに制作を依頼することにした。

WARD21というアーティストグループのディージェイでもあるSukuは、その頃「Badda Badda」というRiddimを大ヒットさせたばかりで、ジャマイカで最も注目されている新進気鋭のトラックメーカーだった。またSteelyの方は80年代からトップレゲエプロデューサーとして世界的に活躍し続けていたプロデューサーデュオ、Steely&Clevieのひとりだ。

この2人に自分の中にあるイメージを伝え、Riddimの制作に入ると同時に、そのオケに一番に乗ってもらうアーティストに声を掛けた。それはＴＯＫＩＷＡの解散を経て、長期のジャマイカ武者修行期間に入っていたＪＵＭＢＯ ＭＡＡＴＣＨだった。

オレと同い年のＪＵＭＢＯ ＭＡＡＴＣＨがこのオケに書き下ろしてくれた楽曲「Guess What?」は、凶暴なダンスホールビートの上で、切れ味鋭く社会に疑問を投げかけた名曲で、SKY IS THE LIMIT第1弾のRiddimの名前にもなった。当時弱冠21、22歳のオレ達が世に出したこの楽曲は、この後の数年の間に誰も予想できなかったほどの隆盛を迎えるレゲエシーンの火種の1つだったのかもしれない。

その頃の日本のレゲエシーンは、一時期怒涛のリリースラッシュを行なっていたV.I.P.やJAPjamのリリースもすっかり落ち着いており、ＴＯＫＩＷＡの解散も相まってシーンの動きがスローになりそうな雰囲気が漂っていた頃だった。そんなタイミングで、若手のサウンドマンだったオレがSKY IS THE LIMITを始めた。それまでサウンドマンが、それも20歳そこらの若手がレーベルをやる、というパターンは今までなかったことだった。

ちなみに、今オレが当たり前にやっている自分のオリジナルRiddimでダブプレートを録るというスタイルは、この頃から始めた。ラバダブ'99のツアーでも、「Guess What?」のオケで録ったMerciless、Buju Banton、Cobra、Ward21などのジャマイカンアーティストのダブを、自分がプロデュースしたオリジナル曲と織り交ぜながらプレイしていた。

「自分しか掛けれない、世界で唯一の音源を録音する」というダブプレートの特性から考えても、この方法はとても有効だった。サウンドマン兼プロデューサーとして動き始めていたオレにとっては、自分のレーベルのRiddimのかっこよさをアピールすることにも繋がり、もっと言えば後々権利の面でも色々とクリアしやすくなる、一石二鳥とも三鳥とも言えるような方法論の発見だった。

プロデュースしたMINMIの曲が大ヒット

SKY IS THE LIMITでは、この「Guess What?」に続き「T.K.O.」と「Danger Way」という3つのRiddimを発表し、3年ほどの間に20曲以上の7インチシングルと3枚のCDアルバムをリリースした。

CDには少し変則的な収録のさせ方をしており、2000年4月に出した『Guess What? Wicked Non-stop Mix!!』は「Guess What?」Riddimの楽曲だけを繋ぎ合わせたワンウェイMIX、同年8月に出した『Sky Is The Limit Vol.1』は「Guess What?」と「T.K.O.」の2つのRiddimの楽曲をフルサイズで収録したツーウェイ、翌2001年6月リリースの『Danger Way/T.K.O Non Stop Wicked Mix!!』では「T.K.O.」と「Danger Way」2つのRiddimの楽曲のツーウェイMIXになっていて、3作とも『ラバダブ'99』の時と同じ、アルファエンタープライズが出してくれた。

短い期間にかなりの数の曲を作ったが、その中には初めて録音するアーティストが何人もいた。その１人がＭＩＮＭＩだ。

「T.K.O.」のRiddimで実兄のＳＩＬＶＥＲ ＫＩＮＧの曲を録っている時に、「女の子の声でフックが欲しいな」という話になり、「だれかいい奴おらんかな」と女性シンガーを探すことになった。

この時は大阪で制作中だったので、ミナミのアメリカ村を中心に、シンガーの出演しそうなイベントのフライヤーを見つけては直接現場に行き、ピンとくるシンガーを探して回った。訪れたイベントのジャンルは様々で、レゲエだけでなく、Ｒ＆Ｂのイベントなどにも足を運んだ。

Ｒ＆Ｂのイベントにも行くようにしたのは、レゲエシーンにはそもそもシンガーとして活動している女性が少なく、Ｒ＆Ｂのイベントであれば歌の上手い女性シンガーも見つかりやすいはずと考えたからだ。この思惑は見事に的中し、アメリカ村のＩ to Ｉで開催していたＲ＆Ｂのイベントで、ＭＩＮＭＩが歌っている姿を初めて見ることができた。

ＭＩＮＭＩは声質が印象的で、「この人、いけるかもな」という直感のようなものを感じたオレは、ＭＩＮＭＩのショーが終わるとすぐに声をかけた。

きっとオレのことは知らないだろうと思って、「オレ、こうこういう者なんですけど……」と、できるだけ丁寧に声をかけたのだが、話しかけたＭＩＮＭＩはオレのことをすでに知っていたようだった。

この日はR&BのイベントM出演していたMINMIだったが、元々TERMINATORのアーティストとしてレゲエシーンでも活動しており、オレが梅田のラブリッシュでやったTERMINATORとのクラッシュの時も見に来ていたとのことだった。そう言われてみれば、オレもMINMIの姿を何度か見かけたことがあった気がしてきた。

しかし、そうなると話は早い。オレはMINMIと連絡先を交換し、後日改めてスタジオに来てもらうとすぐに制作を進めた。

そうしてできた楽曲がSILVER KINGとMINMIのコンビネーション「Tornado」だ。これがMINMIにとっても初めてのリリースになった。

ちなみに、この曲が収録された『Danger Way/T.K.O Non Stop Wicked Mix!!』のCDには、LITTLE CATというアーティストの「素敵な音」という曲が入っている。詳しい人は知っていると思うが、これは後に湘南乃風のメンバーとなるHAN-KUNのことだ。この楽曲はHAN-KUNがLITTLE CATの名で活動していた頃の、唯一のCDリリース曲なのではないだろうか。

このSKY IS THE LIMITとしてのアルバム制作だけでも、オレは短期間にかなりの制作をこなしていたのだが、実はアルバム3作目『Danger Way/T.K.O Non Stop Wicked Mix!!』を出す前の2001年5月にもう1枚、KSRというインディーズレーベルからアルバムを出している。

それは『KSR GOLD』と言って、SKY IS THE LIMITから出していた楽曲と、並行して走らせ続けていたカエルスタジオもう1つのレーベル、黄色いラベルシールのドーナツ盤で知られていた〝カエルスタジオ〟からの楽曲をまとめたものだ。カエルスタジオレーベルは元々麻苧君がプロデューサーとして制作にあたっていたが、この頃にはもうオレがプロデューサーとして楽曲の制作をするようになっていた。

クラブミュージックを専門に扱っていたKSRが、レーベル事業を始めてまだ間もない頃に、当時今にも爆発しそうになっていたジャパニーズレゲエシーンの熱をキャッチアップしてくれて、カエルスタジオに声を掛けてくれたのだったと記憶している。

このアルバムにはNG HEADやPAPA BONなどの中堅、ベテラン勢に加え、RUDEBWOY FACEやVADERなどの若手にも参加してもらった。MINMIのキャリア2作目のリリース曲となった「Fly High」もここに入っている。

かなりのリリースラッシュだったが、ありがたいことにどのアルバムもそれなりにヒットしてくれていた。そのおかげもあって、SKY IS THE LIMITを始動させて4年目になる2002年5月、当時メジャーの一角だった東芝EMIがSKY IS THE LIMITのアルバムを出してくれることになった。タイトルはそのまま『SKY IS THE LIMIT』だ。

プロデューサーとしてのオレのメジャーデビューと言えるだろうか。25歳だったオレが〝SKY IS THE LIMIT〟と描かれたグラフィティの壁にもたれている写真がジャケットになっているCDだった。オレが自分の作品のジャケットに、顔出しで出ているのは後にも先にもこれだけだと思う。

4年ほどの間にSKY IS THE LIMITから出していた楽曲を集めたベスト盤的な内容だったが、表題曲として「SKY IS THE LIMIT」という8人のアーティストによるマイクリレーも録りおろした。PUSHIM、CHOZEN LEE、BOOGIE MAN、PAPA-B、RYO the SKYWALKER、JUMBO MAATCH、TAKAFIN、BOXER KIDの8人だ。その後のレゲエシーンの中心人物となっていくアーティストによる、今考えてもめちゃくちゃ豪華なマイクリレーだった。

このアルバムをリリースしてすぐ、その後のオレの人生を変えるような大きな出来事が起きた。

2002年8月、MINMIがVictorからメジャーデビューした。するとその1stシングル『The Perfect Vision』が、いきなり全国の数十局ものラジオ局でヘビープレイされ、あれよあれよという間に、もう大爆発と言っていいほどの大ヒットを遂げるのだ。

たしかにこの約1年前、2001年5月に発売された三木君の「Lifetime Respect」が、日本のレゲエ史上初となる、オリコンシングル週間チャート1位を獲得するほどのモンスターヒットとなったことで、レゲエシーンにはすでに大きな風が吹きつつあった。

ただ、三木君とは麻苧君と出会う前からの仲ではあったものの、作品に関わったりはしていなかったので「三木君めちゃくちゃすごいことになってるな」といった感じで、オレ自身が仕事面での影響を受けることはなかった。

だが、ＭＩＮＭＩの時は違った。つい1年ほど前に、ＭＩＮＭＩの声を初めて音源として世に出し、世間に知らしめたのは、オレだったのだ。そのＭＩＮＭＩが、あれよあれよという間にスターダムにのし上がってゆく。しかもマキシシングルで発売された『The Perfect Vision』のカップリングには、オレが楽曲制作に参加した「south orange」と「The Perfect Vision Wicked Mix Feat. JUMBO MAATCH」が収録されていた。

これは、財布事情の面から考えても、とんでもない出来事だった。おもしろハウスで育ち〝野良ニンゲン〟とまで呼ばれたオレが、10代の半ばで「レゲエで飯を食って行こう」と思いついてから、すでに10年ほどの時が立っていた。

数年前から、すでにレゲエ以外の仕事はしなくてもやっていけるだけの収入が作れるようにはなっていたものの、とても裕福とは言えるような生活ではなかった。だが、そんな生活が、ガラッと変わるタイミングが近づいてきていたのだ。

１００万円の親孝行

SKY IS THE LIMITを始めた頃、オレは1年の大半をジャマイカで過ごしていたのもあり、日本ではまだカエルスタジオで寝泊まりをしていた。この頃はまだ、レゲエを始めた頃と変わらない貧乏生活で、まだまだ野良ニンゲンのままだった。

だが、カエルスタジオで仕事をするうちに、徐々にまとまったお金を手に入れることのできるタイミングができるようになっていた。

最初は2000年ごろだったと思う。『激録ラバダブ'99』をリリースし、リリースツアーで全国をまわり、アングラでとは言え、SKY IS THE LIMIT の楽曲もヒットしていたある日のことだった。麻苧君から携帯に電話が入り、「トマト来てや」とアメリカ村のトマトという24時間営業の喫茶店に呼び出された。オレは「どうしたんやろ。改まって、なんの用かな?」と思いながら、トマトへと向かった。

店に着くと、すぐに麻苧君の姿が目についた。体躯の大きな麻苧君は座っていてもひときわ目立ち、わかりやすい。オレは麻苧君が座っている席の向かいの席に座った。

オレが席につくと、麻苧君は俄かに100万円の札束を取り出し、オレの目の前に置いた。オレが「え? なんすかこれ?」と戸惑うと、麻苧君は「ギャラ!」とだけいう。このギャラが『激録ラバダブ'99』のものなのか、SKY IS THE LIMIT のものなのか、そういった細かい説明は一切なく、「まぁなんか色々、もろもろやな」という麻苧君の言葉通り、ひどくざっくりとしている。

いまだかつてこんな大金を目の当たりにしたことのなかったオレは、思わず「いやこんなん、いいっすいいっす」と一度はつき返してしまった。と言っても、慌てていたからだけではない。カエルスタジオと仕事をするようになって以来、オレはずっと満足していた。

カエルスタジオの何が良かったかというと、とにかく自分の好きなことをストレスなくやらせてもらえることだった。ジャマイカに行くのもお金を貯めなくてもよくなったし、何か機材がいるなと思ったら、すぐに用意してもらえる。他にも制作に「これがいる」というと麻茡君が全部買ってくれた。やりたいと思ったことが全部できるという環境は、オレにとって無茶苦茶面白く、有難いものだった。

DUB代だけはRED SPIDERとしてレコードを回しに行ったギャラなどからやりくりしていたが、レーベルの活動にかかるお金、プロデュース系の仕事にかかる予算は全て出してもらえる。だから全てRED SPIDERの方に力を入れることができて、DUBもいっぱい録ることが出来た。

だから、100万円のような大金を渡されても、当時まだカエルスタジオに寝泊まりしていた川畑少年は、ただただ戸惑うばかりだった。ビックリしすぎたから、実家に帰って、親にあげることにした。というのも、カエルスタジオに住み着くようになってからというもの、オレはすっかり家にも帰らなくなっていた。きっと心配もしていることだろう。だから「ここやな、親孝行するところ」と思ったのだ。

オレはおもしろハウスに帰るなり、少し誇らしげに、お金をバーーーン！　と渡した。「大丈夫やで。

しっかりやってるで」という意味を込めたつもりだった。

だが母親はそれを見るなり「あんたどっから盗ってきたん!」と思いもよらぬリアクションをした。

そして「何したん⁉ あんた!」と続ける。

「いやいやいや、これ給料みたいなもんやねん。あげるわー」と言うと、少し間をおいて、「ありがとうー」と、ようやく喜ぶ顔を見せてくれた。

ただ父親の方は、野球だったか相撲だったかをつけたテレビの方を向いたまま、一向にこちらを見ようともしない。オレが「せっかく帰ってきてるのに、なんか感じ悪いなぁ」と思いながら前に回って顔を見ると、父親の顔が涙でグチャグチャになってきた。

オレは思わず笑って、「むっちゃ泣いてるやん‼」って言ってしまった。川畑少年は、相変わらず、野暮だった。

それまでは音楽をやっていると言っても、やはりいいイメージはなかったのだと思う。海外に行ったきり帰ってこないのも、遊び呆けているだけだと思われていたのだろう。でも、この日からは、音楽がきちんと仕事になっているのを理解してくれたのか、家族が応援してくれているのをはっきりと感じるようになった。

この100万以来、オレは作品を出すたび大金を受け取るようになった。その時々でばらつきはあったが、CDやMIX TAPEを出すたびに何十万、何百万と大金を受け取れるようになっていった。

レーベルのプロデューサー業に力を入れながらも、サウンドとしてのＲＥＤ ＳＰＩＤＥＲとしての活動にもまったく手を抜くことはなかったオレは、稼いだお金の全てをＤＵＢに費やせるとあって、むしろ勢いづくような状況で、メジャーからの『SKY IS THE LIMIT』を出すまでにはすでにＭＩＸ ＴＡＰＥを3作出していた。この後「＃10」まで出すことになるＭＩＸシリーズの『＃1』、『＃2』、『＃3』の3作だ。

それまでＭＩＸテープというと、ストリートのレコードショップや服屋でしか手に入れることができず、どうしてもレゲエが盛んじゃない地域には届きにくい、マニアックな代物だったのだが、この頃になると状況が変わりつつあった。

JAPjam のプロデューサーだったB．P．さんが作った、レゲエのディストリビューションを専門に行うスティングという会社が名古屋にあったのだが、そこが全国のタワーレコードにＭＩＸテープを置ける流通網を整えてくれたのだ。

これはサウンドにとっては無茶苦茶ありがたいことだった。それまではいわばブートものと同列扱いをされていたダブプレートによるＭＩＸ ＴＡＰＥという存在を、サウンドによる作品として世間が認めてくれるような状況を作ってくれたということだった。

どれだけお金をかけてダブを録っても、現場で流す以外の使い方ができなかったものを、ＭＩＸ ＴＡＰＥでその資金を回収することができるようになった。

ちなみに、今はカエルスタジオでオレのマネージャーをやってくれているアーチなどは、当時このスティングのスタッフだった。このスティングがオレのＭＩＸを推してくれていたのもあって、どの作品もそこそこ売れていたようだ。

ちなみにこのテープには、ＢＯＯＫＩＮＧ&ＩＮＦＯの電話番号が書かれていた。『＃3』からはさすがにカエルスタジオの固定電話の番号になったが、『＃2』までは麻苧君の携帯電話の番号だった。プライバシーのことなどを考えると今じゃなかなかありえないことだが、麻苧君は当時そうやって体当たりでプロモートをしてくれていた。

オレはコミュ障だから、こうやって麻苧君が全ての窓口をやってくれたりすることが、本当に助かっていた。でも相変わらず「お前今日からカエルな」みたいな話は一切無いままだった。

ROCK CITY とケンティー

ちょうど21世紀になった頃、オレは「SKY IS THE LIMIT」の制作とダブ録りで1年のほとんどはジャマイカで過ごしていた。

ジャマイカではSly&Robbie、Steely&Clevie、Ward21のSuku、Lenkyなどのトッププロデューサー、トップミュージシャン達とリンクし、自分の中にあるイメージを彼らに伝えながら次々とRiddimの制作を進めた。そこに日本人のアーティストの曲を乗せて、曲が完成するとジャマイカで7インチレコードのプレスまでしてしまう。SKY IS THE LIMIT のレーベルシールを貼ったそのレコードを日本に送り、日本でリリースする。そのタイミングでオレも一旦日本に帰国し、ツアーで全国を周りながらストリートプロモーションを重ねる。

そしてストリートで十分にSKY IS THE LIMIT の楽曲が知れ渡った辺りで、それらの楽曲をコンパイルしたアルバムがCDでリリースされる。オレはそのCDがリリースされる頃にはまたジャマイカに渡り、次の制作に入る、といった流れだ。

こうしてリリースを重ねているうちに、オレは当時弱冠24、5歳の若さで、ジャマイカのプロデューサーにとってもいっぱしのビジネスパートナーとしても認めてもらえるようになってきていた。

そんな中、ジャマイカでとある新しい Riddim を耳にした。「X 5《エックスファイブ》」という Riddim だ。

オレは一聴してその Riddim を気に入り、友達のエンジニアに「これ誰の Riddim なん？」と尋ねた。すると友達は「Galaxy P のだ」と言う。Galaxy P はよく Jammy's のスタジオにたむろしていたDEJAYのひとりで、自身がプロデューサーとしても活動しているやつだった。電話番号も知っていたので、オレはすぐに電話した。

「あの Riddim 日本で使わせてくれへん？」というと Galaxy P は「全然ええで」と快諾してくれたので、早速契約書を交わした。これが ROCK CITY の始まりだった。

オレはGalaxy PからRiddimの音源データを受け取り、早速録音を始めた。最初に録ったのはBOOGIE MANとSILVER KINGとVADERの「Buss Wi Buss」だ。ブギーさんは当時SONYから発表することの決まっていた、オレがプロデュースするミニアルバムの制作でジャマイカに長期滞在していた。そこにちょうど良いタイミングでジャマイカに来た、実兄のシルキン、大阪の若手の中で頭角をあらわしつつあったVADERの2人を加えて、3人コンビ、ジャマイカでいうところの〝3 the Hardway〟を録音した。

ジャマイカで流行している最新のRiddimに日本人が歌を乗せて正規リリースするというROCK CITYでのこの試みは、日本人アーティストにとっては長年の憧れでもあった。オレがそんなプロジェクトを始めたと聞いて、当時すでにメジャーシーンで活躍し、ジャパニーズレゲエシーンのトップスターの1人だったRYO the SKYWALKERが「シングルに入れる曲に使わせてほしい」と言ってきてくれたので、オレはもちろん引き受け、「連勝マイク」という曲をこの「X5」のRiddimで録った。

この曲は当初シングルのカップリングのみの予定だったが、その後RYO君のフルアルバムやベストアルバムにも収録され、RYO君の代表曲の1つに数えられるようになった。

このROCK CITYでの試みは、シーンの反応もよく、手応えも感じたので、オレは早速次の準備に取り掛かった。第2弾として選んだのは、あのモンスターRiddim「Diwali」だった。Sean Paul

の「Get Busy」やWayne Wonderの「No Letting Go」の大ヒットにより、世界中にダンスホールレゲエブームを巻き起こしたRiddimだ。このRiddimのプロデューサーであるLenkyには、SKY IS THE LIMITのRiddim制作にも参加してもらっていたので、このRiddimを日本でも使わせてくれるように、すぐに話をした。この時はまだ世界的な大ヒットをする前だったということもあり、すんなりと契約をできることになった。

ちょうどこの頃、ＭＩＮＭＩがVictorからメジャーデビューすることになり、ファーストシングルである「The Perfect Vision」のリミックスを依頼されたのだが、原曲のピッチやＢＰＭ的に「これにハマるな」となって「Diwali」で録音することにした。

ＭＩＮＭＩの原曲は当時ダンスホールＲ＆Ｂと表現されるようなＲ＆Ｂ色の濃い仕上がりだったので、せっかくオレがリミックスをするのならと、レゲエ色を強く出すために、ＪＵＭＢＯ ＭＡＡＴＣＨにＤＥＥＪＡＹパートを乗せてもらった。そうして出来上がったのがマキシシングルのカップリングに収められた1曲、「The Perfect Vision Wicked Mix」だ。

ＭＩＮＭＩには、この曲の他にも「Diwali」でオリジナル曲を作ってもらった。「The Rock City」という楽曲だ。ＶＡＤＥＲとのコンビで、全国の地名を列挙しながら「オレ達が日本全国をRockする（揺り動かす）」と高らかに宣言するこの楽曲は、ROCK CITYのテーマソングとも言えるような楽曲になった。

オレはこの流れのまま、すぐに第3弾の制作に着手した。Riddimとして選んだのは「Party Time」だ。このRiddimはプロデューサーがラジオDJをやっている人物だったので、面識はなかったが直接会いに行き、交渉をした。

普段の人見知りなオレを知っている人からすると少し意外かもしれないが、このようにROCK CITYで使いたいRiddimがあると、面識があろうとなかろうと、その曲のプロデューサーなどの、原盤権を持っている人物のところをオレが直撃し、契約書にサインをしてもらっていた。

この時期ぐらいに、ROCK CITYのアルバムをVictorから出すことが決まった。おそらく当時Victorに所属していたＭＩＮＭＩの楽曲のリミックスを手掛けたのがきっかけだったのだと思う。「X5」「Diwali」「Party Time」の３つのRiddimでオレが録音した曲をまとめた1枚と、元々それぞれのRiddimで発表されていたジャマイカンの楽曲をオレがＭＩＸした1枚を合わせた2枚組だった。

この「Party Time」のRiddimで、初めて本格的にセッションすることになったアーティストがいた。ＫＥＮＴＹ ＧＲＯＳＳだ。ケンティーとは、同じ大阪の同い年ながら、この時点までは特別に強い繋がりは持っていなかった。

『激録ラバダブ'99』にはすでに参加してもらっていたのだが、この時はケンティーのスタイルも今とは違い、ＲＹＯ ｔｈｅ ＳＫＹＷＡＬＫＥＲのフォロワーだった。

レゲエでいうフォロワーとはすでに人気のあるアーティストの声やスタイルを真似して活動する

アーティストのことだ。ジャマイカのアーティストの中でも初めはフォロワーから始まり、そのうちオリジナリティーを獲得し、大成していくアーティストは多い。

ケンティーはジャマイカにもよく来ていたので、『激録ラバダブ'99』をやった後も顔を合わせることがあり、曲を聞かせてくれたりしていたが、その時はまだＲＹＯ君のフォロワーの域から出ていないイメージで、一緒に作品をやろうと声を掛けるほどではなかった。

だが、あるきっかけでそのイメージは一変した。オレが制作の合間の日本に帰っているタイミングで、大阪の堀江にあったＣＯＲＮというクラブにたまたま顔を出した時だ。

いい時間になって、ケンティーが出てきたので、「あ、ケンティーやん。久々見るわ」と思いながら見ていた。すると、歌い出すや否や、もうびっくりするくらいに盛り上げ出したのだ。

「伊達にジャマイカおらんかってんな！　ジャマイカちゃんと吸収してるやん！」と思い、そのまま速攻その場で「この曲出そうや！」と声を掛けた。その後すぐに「Party Time」の Riddim で録音し、ROCK CITY から出した12インチのレコードに収録した。

ただこの時に出した「FIRE BUN GAY GUY」という楽曲は、タイトルでもわかる通り、リリックが放送禁止用語だらけ過ぎて、Victor からリリースした第1弾の『ROCK CITY』アルバムには収録できなかった。それでもオレは、ここからケンティーとどんどん仕事をするようになった。これが、ケンティーが今でもカエルスタジオにいるきっかけだ。

『ROCK CITY』の企画は好評だったので、この後もどんどん曲をリリースしていき、2002年から2008年の間にROCK CITYレーベルとしてのアルバムだけで、Victorから5枚のアルバムをリリースした。

その中の2作目に収録された「BAD COMPANY」というRiddimで、初期のケンティーの代名詞ともなるようなビッグチューンが生まれた。「ZUM ZUM」という楽曲だ。ケンティーのオリジナルワードで、女性器に男性器を挿入する時のオノマトペ。それがZUMZUMという言葉だった。

この言葉を気に入ったオレは、その後自分が企画するイベントや、自分が携わるメディアの名前、ありとあらゆるものにこの言葉を使うようになった。ZUMZUM CHANNELもZUMZUM NIGHTもZUMZUM FESも、ZUMZUM MAGAZINEもZUMZUM RADIOも全てここから来ている。

このケンティーの「ZUMZUM」は、それはもうジャマイカ仕込みのスタイルで、ただただ下ネタなだけじゃなく、リリックもオチがバシッと効いていて、よく出来ていた。

ケンティーには悪いが、KENTY GROSSというアーティストは、ビジュアル面に関しては一般的に男前ではないだろう。だが、DEEJAYとしては、それを補って余りあるほどに男前なのだ。そして面白い。リリックの構成も、きちんと掴んで、落とす、こういう一種の話芸のような、ジャマイカのDEEJAYスタイルを吸収している日本人のアーティストは、実はめちゃくちゃ少ない。

他のアーティストを目当てに遊びに行ったイベントで、ラバダブで色んなアーティストが出てきたときに、結果的に一番印象に残っている、ケンティーはそんなアーティストだと思う。

だが出会った当初、オレの中でケンティーは、はっきり言ってノーマークだった。

当時はＳＮＳなどがなかったので、今みたいにフォロワーの数などで人気を推し量ることができなかった。今はフォロワー数、「いいね」の数、動画の再生回数など、可視化できる人気のバロメーターが沢山ある。

そう言った方法のない当時、新しいアーティストを探す時はどうするのかというと、とにかく現場でライブを見るのだ。いろんなクラブに顔を出して、ライブを沢山見る。現場に通っていると、パフォーマンスのキレや、オーディエンスの反応などから、「こいつ、そろそろ来そうやな」とかいう空気感を感じることがよくある。

ＣＯＲＮで久しぶりに見たその時のケンティーは、まさに〝次に来る〟アーティストの雰囲気を醸し出していた。

狙いも良かったのだと思う。当時関西のレゲエシーンには当時、ＲＹＯ君やＮＧ君を始め、同い年のＪＵＭＢＯ ＭＡＡＴＣＨやＴＡＫＡＦＩＮなどすでに人気のアーティストが沢山いたが、ケンティーはまた違う切り口で、モロ下ネタとかもやる。そういうタイプのアーティストは、当時あまりいなかった。下ネタはレゲエではスラックネスと呼ばれて、万国共通のレゲエ独特のスタイルだったりするのだが、意外と日本の中ではそれに正面から取り組むアーティストが少なかったのだ。ちょうどその枠が空いていた、そんな感じだったのだと思う。

そんなスタイルを自分の色として打ち出し始めたケンティーは一気にシーンに名を轟かすことになった。

逆にこのインパクトが強過ぎたのか、一般の人からすると「下ネタのおっちゃん」みたいなイメージが先行しがちなケンティーだが、実はリリックの韻の踏み方がメチャクチャ堅かったりする。こういう要素は同じＤＥＥＪＡＹやＨＩＰ ＨＯＰのラッパーみたいにリリックを書く人からしたら、かなり評価が高いのではないだろうか。それにラバダブの時のマイクの捌き方とかもやっぱりうまいし、なにより声がいい。といっても、シンガーのような美しい声をしているわけではなく、一声聞いてレゲエＤＥＥＪＡＹのそれとわかるような、パワフルなダミ声をしている。

そのおかげで、ちょっとＥＤＭっぽい曲やＰＯＰＳテイストのある曲でも、ケンティーが乗ると途端にレゲエに聞こえたりする。オレが自分のプロデュースでシンガー系のアーティストの曲を作る時、客演でケンティーに入ってもらうことが多いのもそのためだ。

ちなみに、ケンティーの「ＺＵＭ ＺＵＭ」が収録された『ROCK CITY 2』を２００３年にリリースした際、とんでもないトラブルが起きてしまった。リリースしたばかりのこの作品を全て回収し、廃盤にせねばならないという状況に陥ったのだ。

と言っても、決してケンティーの下ネタがひどかったから、というわけではない。

先にも書いた通り、このシリーズはジャマイカのヒットRiddimを借りてきて、オレが新たに録音した曲をまとめた1枚と、元々それぞれのRiddimで発表されていたジャマイカンの楽曲をミックスした1枚を合わせた2枚組でリリースしていた。『ROCK CITY 2』のこのジャマイカンミックスの中に収録された、「Masterpiece」というRiddimの、「EVER BLAZIN'」というショーンポールの楽曲について、「Masterpiece」のプロデューサーであるLenkyが、二重契約をしてしまっていたのだ。当時世界中で大ヒットしていたショーンポールの楽曲とあって、もう一方の契約先であったアトランティックレコードが引くはずもなく、オレの『ROCK CITY 2』は泣く泣く回収することになった。

二重契約自体は、ジャマイカのレゲエビジネスの中で昔からよく起こってしまう問題でもあり、オレもジャマイカ人とのビジネスは細心の注意を払わなければならないことを重々承知していたつもりだったが、この時はそのことを改めて思い知らされることとなった。

前作がヒットしていたこともあって、すでに流通していたCDの数はかなりのものだった。その回収についての責任は、カエルスタジオ側にあったため、この時カエルスタジオは一旦倒産の危機を迎えることになってしまった。

だが、このトラブルはカエルスタジオにとっても初めての経験となる大きな危機ではあったものの、あくまで契約上のミスによって巻き起こったトラブルだ。オレ達には、自分達の方向性や音楽そのものが間違っているわけではない、という自信があった。それまでになかった音楽を世に送り出している自負もあったし、その音楽が世に求められているという実感もあった。

だからオレ達はへこたれることなくすぐ次の制作に取り掛かり、その年のうちに『ROCK CITY presents COOLIE DANCE』という作品、翌年にそれまでオレが「カエルスタジオ」、「SKY IS THE LIMIT」、「ROCK CITY」の3つのレーベルでプロデュースしてきた楽曲のBEST盤『ROCK the SKY』をリリースし、なんとか回収による負債の穴埋めをして、このトラブルを乗り切ったのだった。

第8章

分岐

カエルスタジオに逆風が吹く

最初は麻苧《あさお》君とＲＥＤ ＳＰＩＤＥＲだけでやっていたカエルスタジオだったが、ケンティーがカエルに入った頃には、すでに数人のＤＥＥＪＡＹがカエルスタジオのアーティストとして活動していた。SKY IS THE LIMITやROCK CITYなどのレーベルを立ち上げていく中で、レーベルの看板ＤＥＥＪＡＹの必要性を感じて、１人１人誘っていったのだ。最初は兄弟だから使いやすいというのもあって、ＳＩＬＶＥＲ ＫＩＮＧを推したり、麻苧君が連れてきたＶＡＤＥＲを推したりした。

大先輩のＢＯＯＧＩＥ ＭＡＮをカエルスタジオでマネージメントをするようになったのも同じ時期だったと思う。90年代に「ＰＡＣＨＩＮＣＯ ＭＡＮ」のヒットなどで、すでに絶大な知名度を誇っていたブギーさんだったが、この時期は特に所属事務所がないということで、麻苧君が「オレ、マネージします」みたいな話をして、マネージメントを担当するようになったのだったと記憶している。SKY IS THE LIMITから出した「Musical Dealer」や「Equal Right」、「777」の頃には、ブギーさんはもうカエルのアーティストだった。

カエルスタジオクルーみたいなのが形成されだして、ちょっと遅れたタイミングでケンティーが入ってきた。そのケンティーが連れてきたのがケンティーとの「どないや?」や「見てもーた」などのコンビネーションがヒットしたＴＯＭＹ ＢＯＲＤＥＲだ。同じ頃にＶＡＤＥＲが連れきたＡＲＭＳＴＲＯＮＧもカエルのアーティストとして活動を始めた。

こうして、麻苧君とオレの２人体制だったカエルスタジオにＤＥＥＪＡＹが加わり新体制になった頃、オレ達はこのメンバーのお披露目を兼ねて全国ツアーの企画をたてた。「ＤＥＬＡ ＭＯＶＥ」というツアータイトルで、この名前は麻苧君がＡＤＭＩＲＡＬ ＢＡＩＬＥＹの名曲から付けた。

２００４年くらいから２００５年にかけて開催しており。ＴＯＭＹ ＢＯＲＤＥＲやＡＲＭ ＳＴＲＯＮＧが参加するようになったのは後半の２００５年からだっただろうか。この２００５年のツアーには、この後カエルスタジオのメンバーに加わることになるＢＥＳが組んでいたユニット、Ｎ－Ｏ２も参加するようになっていた。

当時、ツアーをする上で大事だったのが、それぞれの地方の協力者とのリンクだった。ＳＮＳのない時代なので、イベントの告知はもっぱらフライヤーのみで行うことになる。

大阪でイベントを開催するのであれば自分達で撒けばいいが、遠方の地域となるとそうはいかない。事前にその地域を訪れて撒くこともできなくはないが、フライヤーはその地域ごとに置いてくれる店が限られていて、他所者にはそれがわからない。そのため、その地域で普段からプロモーターとして活動している人や、地元のサウンドなどに協力を仰ぐことになるのだ。

例えば名古屋などだと、当時からリンクのあった、現マネージャーのアーチなどに協力してもらった。全国色々な人に協力をしてもらいながら数ヶ所を廻ったが、何かと誤算もあった。

アーチのようにがっちりとリンクをしていたプロモーターの場合はもちろんフライヤーもしっかり撒いてくれるのだが、リンクが薄いサウンドマンなどにお願いしていた場合は、イベント当日に会場に行くとガラガラだったりする。こっちから送ったフライヤーが、撒かれることなく捨てられてしまっていたりするのだ。

地方で活動しているサウンドからすると、いい気がしなかったのもあったのだと思う。当時はまだ〝シマ〟みたいな感覚が残っていて「この地域で勝手なことはさせない」といった意識があったのだろう。麻苧君もオレも、ペコペコと頭を下げてまでは協力をお願いしたくない、というタイプだったので、地元の人からすると癪に障るようなこともあったのかもしれない。

もちろん直接フライヤーを撒ける大阪ではBAYSIDE JENNYとかがパンパンになったり、アーチが手伝ってくれた名古屋のダイアモンドホールでは1000人くらいのお客さんが来てくれたりするなど、大成功した場所も沢山あった。だが人間関係がきちんと作れていない地方などだと、お客さんが本当に10人くらいしか居なくて大赤字になることもあった。

このDELA MOVEツアーの頃、実はカエルスタジオは全国のレゲエシーンの中で、いわば少し孤立した存在になりつつあった。原因となった事柄は細かいことも含め、色々あった。ただ1つ言えるのは、麻苧君もオレも、誰かに媚びへつらったりするのが本当に嫌いだったのだ。オレらはオレらのやり方があるし、それに対して外野からとやかく言われたりするのが気に入らなかった。

だからその相手がたとえメディアを握っているような存在であろうとも、自分達よりも大きな勢力であろうとも、納得がいかないことがあれば、誰にはばかることもなくはっきりと発言した。

そうしているうちに、「カエルスタジオバッシング」のような風潮が生まれるようになったのだ。大きなレゲエフェスにカエルスタジオのアーティストが呼ばれなくなったり、地方でもどんどん協力者が限られるようになったりする状況になっていった。

DELA MOVEツアーでは、その影響が如実に出るようになってしまっていた。そんな状況下でも麻苧君はずっとイケイケの姿勢を崩さなかったが、次第にカエルスタジオのアーティストの中からも、「ケンカせず、仲良くしたらいいやん」と不満の声が上がるようになってきた。

それも理解できる部分はあった。当時はインターネットの普及こそ進んできていたものの、Twitterの登場などはまだまだ先で、情報発信はまだまだ紙媒体やフライヤーなどがメインだった。シーンの中で協力者が少なくなっていく現状は、アーティスト活動にとって、不利であることは間違いなかった。

さすがにこのままでカエルスタジオクルーとして活動していくことは難しいと判断した麻苧君は、解散も念頭に置きながら、1人1人に面談し、それぞれの意思の確認を取っていった。もちろんオレも例外ではなく、麻苧君から直接選択を迫られることになった。

オレは、即答せず、少し考える時間をもらうことにした。そもそもオレ自身はカエルスタジオの姿勢について、不満があるわけではなかった。しかし1アーティストとして考えた時に、この状況は逆風だということは理解していた。だから、この時だけは「どうしよう。カエルにこのままいて大丈夫やろか」と悩んだ。

だが野良ニンゲンでしかなかったオレに、チャンスを与えてくれて、メジャーレーベルから作品を出せるいっぱしの音楽アーティストにならせてもらっていた恩義を、なかったことにすることなどオレにできるはずもなかった。

だから、オレはカエルスタジオに残ることにした。結局、この時にカエルスタジオに残る意思を明確に示したのは、オレと、ケンティーだけだったようだ。

そうして、一時期大所帯だったカエルスタジオはこうして解散騒動を経て、サウンドとしてREDSPIDER、歌い手としてKENTY GROSSだけが所属する、少人数の小回りの利きやすい体制にシフトすることとなった。

水曜夜のZUMZUM NIGHT

こうして少人数制にシフトしたカエルスタジオだったが、麻芋君としては、正直ホッとしたところもあったのだと思う。人数が増えるにつれ、マネージメントはどんどん大変になってきていたし、抱える制作の数も当然増えていた。

麻苧君は「アーティストがちゃんと食べていけるかどうか」を常に意識している人だったし、常々事務所社長としてのプレッシャーも抱えていたと思う。

オレもこの前後はさすがにオーバーワークかなと思うくらいに、本当にむちゃくちゃ忙しかった。

SONYから出たブギーさんのミニアルバムをオレのプロデュースで作ったり、当時メジャーレーベルの一角だったジェネオンから出たVADERのアルバムを作ったりしながら、同時にROCK CITYの制作を進めていた。

それに加えてMINMIの曲のプロデュースをしていたし、SKY IS THE LIMITやレーベルとしてのカエルスタジオからも曲を出していた。もちろんサウンドとしての自分の活動もあるから、DUBも切って、MIX TAPEも作ったりしていた。その中でイベントへの出演やツアーなどもこなすのだ。自分で言うのも何だが、まさに八面六臂《はちめんろっぴ》の働きだった。

この時期に知り合った後輩などからは「ジュニア君ほんまに無茶苦茶喋りにくかったですよ」とよく言われるが、多分忙し過ぎてピリピリしていたのだとは思う。

ただ、これだけ忙しくしていても、オレの中ではレゲエの盛り上がりというものを、まだあまり感じることができずにいた。

三木君やＭＩＮＭＩを始め、今までアンダーグラウンドで活動していたレゲエアーティストが次々とメジャーに進出し、セールス的にも成功を収めるものも増えつつあったが、それでもオレは「なにか、どこか違う」という思いを抱えて過ごしていた。

ある日、ジャマイカでの制作の合間に日本へ帰国し、久しぶりに夜のアメリカ村をブラブラしていた。アメリカ村ではそこかしこのクラブでいろんなジャンルのイベントが行われていた。ＨＩＰ ＨＯＰが流行っていたり、トランスが流行っていたりする中、オレは「この街に、レゲエってほんまに根付いてるんかなぁ」と思った。

オレがレゲエを聞き始めた頃に通っていたアメリカ村にあるレゲエ箱、Jugglin City も I to I という名に変わり営業していたが、全盛期と比べると客足も遠のいてしまっているようだった。そういった状況を見ていて、オレはふと思った。

「レギュラーしよかな」

レギュラーとは、単発のイベントではない、毎週、もしくは毎月の決まったタイミングで定期的に開催するイベントのことだ。

ただ、レギュラーをするといっても、オレは制作の都合上ジャマイカに戻らなければならない事も多い。連続して日本に居られるのは、長くて数ヶ月だ。できる事ならば、その間に集中的にイベントを重ねて、レゲエの火を大きくしたい。それに、何より、大阪をレゲエでもっと盛り上げたい。

だからオレはレギュラーイベントをすることにしたのだ。それも月1回でとかではなく、毎週の、いわゆる帯のイベントというやつだ。

そうと決まったら、善は急げ。オレは早速、当時アメ村の三角公園のすぐ隣にあったクラブ、Jouleの店長の南方さんに電話をした。

Joule は今でこそレゲエやＨＩＰ ＨＯＰのライブにも適した箱として知られているが、当時はほとんどトランスやサイケのイベントが中心で、決してブラックミュージックに力を入れている箱ではなく、オレも一度回したことがある程度だった。

そのイベントは、以前カエルスタジオにいた江頭さんという人が、カエルスタジオに入社する前に「Joule でなんかキラキラしたイベントしません？」と声を掛けてくれたもので、ＭＩＧＨＴＹ ＣＲＯＷＮのＳＡＭＩ－Ｔとオレをメインアクトにしたイベントだった。確か「Dancehall Deluxe」というタイトルで、そのイベントの中ではオレが回してＳＡＭＩ－ＴがＭＣして、ＳＡＭＩ－Ｔが回してオレがＭＣする、というなかなかレアな場面もあったりした。

その時の感触からして、Joule は大きさ的にもちょうど良いし、立地も申し分無い。それに店長の南方さんもレゲエが好きだというようなことを言っていたし、やらせてくれるのではないかと思ったのだった。

南方さんに電話すると、オレは単刀直入に「レギュラーやらしてや」と持ちかけた。すると南方さんは「いいよ、やってや」とすんなりと受け入れてくれた。「今、月曜日から日曜日まで、どれが入ってないいん？」とオレが続けて尋ねると「いやもう、水曜日最悪やわ」と南方さんは言う。「ほな水曜日やるわ」とオレは即断した。

週のど真ん中のオールナイト。無謀にも思える挑戦だったかもしれない。だが、オレには考えがあった。

お客さんからすると、もちろんだいたいみんな、次の日は仕事や学校がある。でもだからこそ、本当にレゲエが好きなお客さんだけが集まることになる。これが週末だと、動きやすい分、なんとなく今日遊ぶ所を探している層が集まってきたりする。するとどうしても、それこそナンパ目的の、音楽を聴いていないお客さんも増えることになる。

オレが集めたかったのは、そういう人達ではなかった。もっと、純度を高めたかったのだ。何日も前から次の日の休みを取って、本気でレゲエで遊んでくれるような、いわゆるガチ勢、それを集めようと思った。

平日のレゲエの帯イベント自体は、I to Iでも月曜日にやっていたが、それはレディースナイトで、女の子は入場無料のものだった。つまりあくまでクラブ遊びそのものが目的で、その場合レゲエはあくまでも一種の舞台装置に過ぎなくなってしまう。少なくとも、オレはそう考えていた。

だからJouleのイベントでは、男女区別なく、週末と同レベルの入場料を取るストロングスタイルで行くことにした。その代わり、こちらとしても毎週多数のゲストアーティストを投入しながら、フルパワーでイベントに臨んだ。そしてさらに、当時始動させたばかりだったカエルスタジオのサウンドシステム〝Ｋ－３７５６Ｓ《ケー・ミナゴロシ》〟を毎週運び込み、日本中のどこの箱にも負けないレベルの音空間を作った。

これが、今では〝伝説のJouleの水曜日〟とも言われるイベント〝ＺＵＭＺＵＭ ＮＩＧＨＴ〟の始まりだった。

ＺＵＭＺＵＭ ＮＩＧＨＴが始まってすぐの時は、週の真ん中だけあって、なかなか苦戦した。１００人とか、多くて２００人とかの回が続いた。「これではちょっとあかんよなー」と、イベント終わりの早朝の５時から、毎回無茶苦茶反省会をして、いろんなアイデアを出し合ったりしていた。すると数ヶ月続けた頃には、毎週７００人とか８００人とか、多い時だと１０００人を超えるお客さんが来てくれるようになった。しかもオレの狙い通り、レゲエが好きなお客さんばっかりが集まってくれていたから、毎週現場はすごい熱量だった。

イベントはそうやって軌道に乗ってきたが、オレは相変わらず制作の方でも忙しくしていて、連続して日本にいることのできる期間は半年もなかった。レギュラーを続けていられるのは数ヶ月程度で、また制作のためにジャマイカに渡らなくてはいけなかったりした。しかも一度ジャマイカに渡ると、短くても１ヶ月や２ヶ月はいることになる。せっかく毎週水曜日の遊び方にお客さんが慣れて来た頃に、急にイベントがなくなってすっぽり空いてしまうと、また帰って来てレギュラーを再開したときにお客さんを一から呼び戻す必要が出てくるのは想像に容易い。

だからオレはJouleの南方さんと「水曜日はレゲエ枠として続けてもらうとして、いいひん間を誰に回すか、よく考えなあかんよな」と相談を重ねていた。

それで白羽の矢が立ったのは、当時若手の中で頑張っていたSOUND MISSIONのYUKKIやRISKY DICEを結成する前のMIYAMOだった。少なくなったとしても、100とか200人のラインはキープしてくれると良いなと思っていた。だが、目論見は外れてしまった。少ない日だとお客さんが10人くらいで出演者の方が多い日もあったりしたようだ。

そんな状態で2ヶ月ほど経って、ジャマイカから帰ってきてZUMZUM NIGHTを再開する、と言う流れが何度かあったが、元のお客さんを取り戻すのに毎回苦労したものだ。

なぜかマリファナで逮捕

ZUMZUM NIGHTもすっかり軌道に乗るようになった2006年の2月の上旬、オレはいつものように制作のためにジャマイカへ向かっていた。

この頃はもうずっとそうだったのだが、オレはメジャーからのリリースを控え、制作の締め切りに追われる日々を過ごしていた。制作の大部分はジャマイカで進めていたので、日本でのイベント出演の合間を縫っては、タイトなスケジュールの中でジャマイカに渡る必要があった。

　直行便のないジャマイカへ向かうため、関空を飛び立ちトランジットでアメリカのダラスに降り立った。いつものように空港で入国手続きを終え、荷物検査を受けた時だった。

　なぜか検査官がこっちを見てニタァとした。手元を見ると、マリファナらしきモノを持っている。

「え？」とオレが思っていると検査官はやおら試験管を取り出し、マリファナらしき植物片を入れた。すると試験管の中の溶液が、紫色に色付いた。検査官はやはりこっちを見てニタァとする。

　オレは思った。「ホンマ、アメリカンジョーク、キツない？」

　ずっと公言してきたことでもあるが、オレはマリファナを吸わない。正確に言えば、10代の頃は吸っていた時期もあったが、20歳になる頃にはすっかり吸わなくなっていた。だから、検査官がオレのバッグから見つけたというその植物片がマリファナだとするならば、それがオレのモノなわけがない。そう思った。

　長時間フライトし続けて、やっと解放された途端に起きたその思いもよらぬ出来事に、オレは状況を飲み込めないでいた。だがそんなオレの戸惑いなどお構いなしに、早速取調べは始まる。

　取調官は「これはお前のか？」と切り出し、「認めるのか、それとも認めないのか」と続けた。事実、そのマリファナは決してオレのものではなかった。だが、認めるとそのまま強制送還されすぐに日本に帰国できるのだという。逆に、認めないのであれば弁護士をたてて、色々と立証を積み重ねていかなくてはならない。取調官は「認めないのなら長くなるぞ」とどこかで聞いたようなセリフを吐いている。

決して納得はいかなかった。だが、この時オレにとって大事だったのは、逮捕歴が残ることよりも何よりも、制作の納期を守ること、自分の仕事をまっとうする事だった。

強制送還されて、一度日本に帰らされても、アメリカ以外の国を経由すれば、またすぐにジャマイカに向かう事ができる。これならば時間をロスしても2、3日で済むはずだ。

「これはお前のか?」という何度目かの問いに、オレは「オレのです」と答えた。

すると早速強制送還の手続きが始まり、翌日に送り返される事となった。今日は1泊だけこのまま拘留されるようだが、その前に電話を1本だけかける時間を与えられた。

オレはすぐに日本に電話して、麻苧君に「なんか知らんけどパクられました」と話した。麻苧君も、オレが吸わないことをよく知っているから「え、なんで?」といった感じだった。オレは「帰ったらカナダ便か何かでまたすぐジャマイカ向かうから、チケットの手配だけしといてもらっていいですか?」と麻苧君に伝えて電話を切った。

電話を切ると、いよいよ1泊だけの勾留が始まる。アメリカの留置所はどんな所かと思いながら少しドキドキしていると、オレンジのツナギを渡された。「テレビで見たことあるやつやん!」と少しテンションがあがった。

その留置所は結構大きな施設で、白人や黒人はもちろん、アジア系の人達も沢山いた。溜まり場みたいな部屋にはテレビがあって、みんなそれを観ながらわぁーわぁー言っていたりする。

「これもなんかテレビで見たことある光景やなぁ」などと思っていると、一瞬不安がよぎった。

「え……もしかしてオレ、ケツ掘られるんちゃうん……」

いや、実際にはそんなことなかなかないのはわかっている。

だが、オレは今、オレンジのツナギを着ている。

考えているとどんどん不安になってくるので、オレはとりあえず用意された自分用の部屋のようなところに戻った。ちょっとしたお菓子みたいなものも与えられたのでそれを食べながら、頭の中で日本に一旦戻ってからのスケジュールの組み直しなどをしていた。

すると、部屋の扉が開き、全身ムキムキの筋肉質な白人男性が入ってきた。どうやら、同部屋らしい。

オレは「マジか……これオレ、マジでケツいかれるんちゃうん！」と思いドキドキした。

だが、少し話してみると、なかなか話しやすいいい奴で、少しの時間の間に仲良くなった。色々なことを話しているうちに「そういえば、なんで捕まったんだ？」と聞かれたので、オレは「カバンになんでかマリファナが入ってて、明日強制送還されるねん」とジャマイカ訛りの英語で答えてから、そいつに聞き返した。

「そっちはなんで捕まったん」

するとと間髪を入れず、そいつは答えた。「Murder（殺人）」。

……ぜんぜんいい奴じゃなかった。いや、いい奴だったのかもしれない。でも、ちゃんとした犯罪者だった。そいつは、そのままアメリカの刑務所に行くらしい。

そんな話をしている間に、留置所の夜はふけ、消灯の時間となった。

やがて朝が来ると、拘置所にいたみんなが手錠をされたまま表に集められ、強制送還の為に空港に送られる組と、そのまま刑務所に送られるハード組とに分けられた。オレは空港に向かうバスに、同部屋だったムキムキの白人は刑務所へ向かう。

それぞれがバスに乗り込む直前、そいつはがオレの所へ来て、手錠をしたままオレに向かって「Good luck!」と親指を立てた。オレは思った。「いやいや、こっちが言いたいわ！」

バスに乗り込み、オレはそのまま空港に向かった。バスの中でも手錠はずっとはめたままだった。しばらくバスに揺られると、程なく空港につき、手続きを経て搭乗口付近の待合所へと進んだ。搭乗手続きは拘置所から付き添ってきていた警察官らしき人が代わりにやってくれた。海外旅行に行ったことのある人はわかると思うが、日本行きの便を待つ待合所は、日本人の旅行客でいっぱいだ。オレは布もかけずに手錠をされたままだったので、否応なく好奇の目に晒されることとなった。

やがてオレの乗る便の搭乗が始まった。続々と同じ便の日本人が乗り込んでいく。オレは、最後に誘導を受けた。搭乗ゲートを通り抜ける寸前のところで、ここまで付き添ってきた警察官らしき人がオレの手錠を外し、オレのパスポートを客室乗務員に引き継いだ。

飛行機に乗り込むと、搭乗者はすでに全員座席につき、離陸を待っている状態だった。どうやらオレの席は一番後ろらしい。コックピット側から乗り込んでいるので、全員の視線がオレに集まる。「あ、こいつ手錠されてたやつや」とでも思われているだろうな、と思いながら大人しく一番後ろの席に腰をかけ、シートベルトを締めた。

手錠が外れたことによって安心したのか、強烈な眠気がオレを襲った。昨夜あまり寝られていなかったのもあったのだと思う。そこからはとても深い眠りについた。

当時はダラスから関西国際空港への直行便が出ていたので、飛行機は関空に到着したのだったと思う。空港に着くと、オレは日本でスタッフが準備してくれていたカナダ経由の便のチケットを受け取り、またすぐにジャマイカへと飛び立った。

ZUMZUM NIGHTファイナル

この逮捕騒動からそう遠くない時期に、空港に絡んだ出来事がもう1つあった。

当時オレはMINMIとの制作のため、先にジャマイカでスタンバイをしていた。MINMIはメジャーでヒットを飛ばした後で、すでに大スターとなっていた。

オレはこの時ほとんどジャマイカに住んでいる状態だったのだが、ちょうどダブ代や生活費が尽きてきた頃だった。ちょうどいいタイミングでＭＩＮＭＩがジャマイカにやってくるということで、ダブ代として１００万円を現金で預かってきてもらうことになっていた。

ＭＩＮＭＩがジャマイカに到着する当日、ちょうど一緒にいたＫＥＮＴＹ ＧＲＯＳＳを伴って空港まで迎えに行った。到着ゲート付近に行くと、見慣れた姿が見えた。ＭＩＮＭＩだ。

先に到着して待っていたＭＩＮＭＩは、オレ達の姿に気付くと「わぁ〜〜」と少し安堵したように手を振る。「久しぶりー！」と嬉しそうにするＭＩＮＭＩに、オレは「おつかれさん」と声をかけながら、内心「おっ、無事にオレの１００万が来た来た……」と思っていた。ひとまず再会を喜ぶと、オレ達は停めていた車までＭＩＮＭＩの荷物を運び、車内に乗り込んだ。

しばらく車を走らせて、ＭＩＮＭＩの宿泊先に着き、ゆっくりしていた時だった。オレが「じゃあそろそろ、オレの１００万……」と言いかけると、急にＭＩＮＭＩが目を見開き「あっ……」と声を漏らした。「え？　オレの１００万は⁉」とオレがもう一度確かめると、ＭＩＮＭＩは少し青ざめて「ない‼　空港にカバンごと忘れてきたかも」と言う。

オレはその瞬間、「終わった……」と思った。日本ならいざ知らず、ここはジャマイカだ。

日本ならそういった忘れ物をしても、親切な人がちゃんと届けてくれていることがあるだろう。外国人観光客が日本で財布を落としたが、無事に警察に届いていて感動した、みたいな話もしばしば聞く。

だがジャマイカは、信号待ちの車の運転手に銃を突きつけて強盗するような奴らがいる国だ。オレはすでに何年もの時をこの国で過ごし、少なからずこの国のことを理解しているつもりだ。

置きざりにしてしまった鞄の中の現金は、もう絶対に戻ってこない。くるはずが無い。

ＭＩＮＭＩは空港で心細い中オレ達を見つけ、一気にテンションが上がってしまい、そのままカバンを忘れてしまったようだった。ＭＩＮＭＩに多少おっちょこちょいなところがあるのは知っていたが、「それにしてもそんなことある⁉︎」と思った。しかも空港を出てから、もうなんだかんだで1時間以上が経過している。

ＭＩＮＭＩはまだ諦めていないようで「空港まで取りに行く！」と言っているが、オレはもうすっかり諦めてしまい、「いや、もう無いって」と冷めた返事をした。これでもうダブは録れないし、食事もできない。テンションが完全に地に落ちてしまっていたオレは「最悪や……」と拗ねた言葉を重ねた。

だがＭＩＮＭＩは「でも一応……もしかしたらあるかもしれへん！」ときかない。オレは気乗りしないままだったが、さっき来た道を戻り、空港まで車を走らせた。

空港までの車内も、オレは半ギレのまま「無い」「無いって」「もう絶対無いから」と１００回くらい諦めの言葉を口にしていたと思う。だがＭＩＮＭＩを責める気にはならなかった。責めたところで戻ってくるものでもない。確かにダブ録りや食事には困るが、無くなったものはもう仕方がない。

空港へ着くと、オレ達はすぐに落とし物カウンターを訪ねた。

すると、奇跡が起こっていた。あったのだ。ＭＩＮＭＩの忘れたカバンが、なんと1万円札1枚も欠ける事なく収まったままだ。どなたか親切な人が、届けてくれたのだという。

オレ達は思わず「うおおおおおぉぉ！」と歓声を上げた。こんな言い方をするのもなんだが、まさかジャマイカでこんなことが起こるとは思っていなかった。

１００万円が返ってきた。オレからするともう諦めていた１００万円。ダブ代のためのお金だったとはいえ、一旦無くなっていたものが出てきたのだ。

オレ達はとりあえず、その日はそのお金で豪遊することにしたのだった。

この頃はこんな感じで、ジャマイカでの制作と、日本でのＺＵＭＺＵＭ ＮＩＧＨＴのレギュラー、地方での営業などを休むことなく続けていた。

ＺＵＭＺＵＭ ＮＩＧＨＴは、インターバルを置きながらも数年続けていたが、ありがたいことにあまりにもお客さんが入るので、しだいに「なんか水曜日すごいことになってるらしいで」と噂が噂を呼び、「Joule の土曜日のトランスのイベントなどで遊んでいた若者達も遊びに来るようになった。ただ、こうなってしまうとどうしても、このイベントをやり出した時の「本当にレゲエが好きな人だけを集めたい」という本来の思いとはかけ離れていってしまう。

そこで、オレは「よし、やめよ！」と潔く一旦ZUMZUM NIGHTをバラす事にした。ただ、せっかく長年続けていたZUMZUM NIGHTなので、ファイナルは盛大に開催しようということにした。

このZUMZUM NIGHTのファイナルの4日前の土曜日、オレは泉州の新家山《しんげやま》というところで開催していたオールナイトの野外イベントに出演した。オレが舞台袖で出番を待っていると、携帯が鳴った。

それは、父親の危篤を告げる電話だった。

オレは出番の時間を少し早めてもらい、自分のプレイが終わるとすぐに病院に駆けつけた。そこからは数日間、しばらく危篤状態が続いていたが、水曜日のZUMZUM NIGHTファイナルの当日になって、ついに父親は事切れてしまった。

ちょうどJouleに向かう最中の車の中でその連絡を受けたオレは、一瞬迷いはしたが、すぐに駆けつけることはしなかった。今日はZUMZUM NIGHTのファイナルだ。オレなしでは成立しようもない。それに、今日ファイナルのために集まってくれたお客さんを置き去りにして、オレが父親のところに駆けつけようものなら、父親に怒られてしまうような気がしたのだ。

オレの小さい頃からアル中で、仕事もちゃんと続けず、なかなかぶっ飛んだ人だったが、かっこつけなところのあった父親のことだ。「お前そういう時はちゃんとファンの人優先せなあかんやんけ」と言うような気がした。

だからオレはそのままいつものように暴言を吐きながらプレイをし、実はめちゃくちゃ落ち込んでいることをお客さんに一切気づかれることなく、その日の出番を最後まで全うした。そして「ZUM ZUM NIGHT今までお疲れ様！」の乾杯を前にひとりJouleを出て、父親の元へと向かったのだった。

若手を育てるためのイベント

オレは人見知りだから、元々は後輩サウンドとかと仲良くなることは少なかった。ただ、JouleでZUMZUM NIGHTを毎週やるようになったことによって、色んな若手のサウンドマンと出会うことができた。

今でもカエルスタジオのライブをカットマンとして支えてくれているYOKO－PもそうだしMONKやMIYAMOなどの後にRISKY DICEを結成する面々、今はラーメン屋で頑張っている元FIRE WORKSのFUKUもZUMZUM NIGHTがきっかけだった。

頑張っている若手はシーンに沢山いる。ただ、オレもそうだったが、一からファンをつけて行くのは、本当に時間がかかる。どれだけ良いプレイをしていても、その場にお客さんがいない事にはプロモーションにならない。その点オレのイベントであれば、RED SPIDERを目当てで集まって来た数百人のお客さんに対して、しっかりアピールすることもできる。少し上から目線にはなってしまうが、そう考えていた。

若手のサウンドにファンがつけば、そのサウンドがメインでやっているイベントにもまたお客さん入るようになり、シーンの層も厚くなるだろう。そうすれば、たとえオレが制作のためにジャマイカに行き、レギュラーイベントを休んでいる期間があっても、火種を消さずにいることができるはずと考えていた。

だがZUMZUM NIGHTの時は、その循環がうまく機能しきらなかった。そのことが、三角公園横のJouleでのZUMZUM NIGHTを終わりにした理由の1つでもあった。

ただそれからも、「レギュラーイベントはいるよな」と言う意識はやっぱり消えなかった。「レギュラーがないと、若手が育たない。若手が育たないと、シーンが先細りになる可能性がある」と考えていたからだ。

そこでオレは、新たなレギュラーイベントを立ち上げる事にした。それがDYNAMITE《ダイナマイト》XX《チョメチョメ》というイベントだった。

このイベントでは、オレはRED SPIDERとして出演することをしなかった。いや、オレだけじゃない。若手も含めて、出演する全てのサウンドマンが、このイベント限定でそれぞれのサウンドを離れて、SOUND GROSSYという1つのサウンドのセレクター、MCとして出演したのだ。

オレがメインタイムで回すこともあるが、アーリータイムも回す。若手もベテランもないまぜにして、色んなサウンドのMCとセレクターがその都度組み合わせを変えながら、一晩の流れを作っていく。

1つだけ決めていたのが、基本的にオレはマイクを持たないという事だった。MCをしたとしても、年に1度か2度の特別な時にだけ。オレがマイクを持つと、どうしてもRED SPIDER色が強くなり、コンセプトがずれてしまうと考えたからだ。SOUND GROSSYのリーダーを、KENTY GROSSにやってもらう事にしたのも同じ理由からだった。

この枠組みは狙い通りに功を奏した。それぞれのMCやセレクターにもきちんとファンが付くようになり、制作のためにオレがしばらく抜けるようなことがあっても、集客の面でZUMZUM NIGHTの時のような大きなダメージを受けることは無くなった。さすがに多少の波はあったようだが、オレが帰ってきたらすぐに取り返せるくらいの差だった。

一般のお客さんだけじゃなく、DEEJAYもダンサーも普段から沢山集まってくれていたので、毎回豪華なメンツでラバダブがあったり、ダンサーがお客さんを巻き込みながら最新ダンスを披露して盛り上げたり、盛り沢山な内容だった。

ひとつだけ辛かったことがあるとすれば、キャリアの差をつけずにフラットに再集合させた枠組みだったため、ギャラもみんなほとんど一緒にしてしまったことだった。若手が1人5000円で、オレは1万円。5000円の差はあるが、それはあくまでそのまま帰っていればの話。

イベント終了後に毎回みんなで反省会を兼ねて食事に行くのだが、他のメンバーはだいたい食事を終えた後もお酒を飲みだしてなかなか帰らない。でもオレは基本的にそういう場で飲まないので、食事を済ませると自分だけ先に帰る。さっきまではフラットな関係だったはずでも、イベントが終わるとやっぱりオレが先輩だ。そこは自分の分だけ会計を済ませて帰るわけにも行くまい。というわけで、もらったばっかりの1万円をそのまま置いていく事になる。

こんなわけで、オレとしてはほぼボランティアでやっていたイベントだったが、「これでレゲエシーンが盛り上がればいいいな」という思いで、3、4年は続けた。

第9章
目的

オレがサウンドクラッシュをやらない理由

近頃よく、ファンの人とかに「クラッシュしないんですか？」とか「〇〇サウンドとクラッシュしてください！」と言われることがある。確かにRED SPIDERを知ったきっかけがサウンドクラッシュだったという往年のファンも多いだろう。

たしかに若手サウンドだった頃はクラッシュに明け暮れた時期もあったし、その中でいくつかの大きなタイトルも手にしてきた。だが、オレの中では、RED SPIDERは決してクラッシュサウンドではない。

ではなぜサウンドクラッシュをやっていたかというと、理由は明白で、それはRED SPIDERの名前を売るためだった。

オレは15歳の頃に、筋肉ホールで初めてのイベントを主催した。一番初めこそ地元の友達がいっぱい来てくれて大成功を収めたものの、その後イベントを重ねるごとに集客は減っていく一方だった。そこで新規のお客さんを掴む必要性を感じたオレは、レゲエサウンドRED SPIDERの名前を売るためにサウンドクラッシュに取り組むようになったのだ。

サウンドクラッシュを始めてからしばらく連戦連勝を収めていたものの、若手同士のクラッシュでの1回や2回の勝利では、RED SPIDERの名が広まることはなかった。

それでもクラッシュを続けているうちに、次第に格上のサウンドとの勝負のチャンスが巡ってくるようになった。

流れが変わったのが、やはり梅田のラブリッシュで開催されたターミネーターとのサウンドクラッシュだったと思う。カエルスタジオと仕事をするきっかけにもなったあのクラッシュだ。

当時ターミネーターは、堺の築港でキープしていた日本一とも言われた野外ダンス「DANCE UNDER THE UNLIMITED SKY」の知名度も相まって、すでに全国区のサウンドとして名を轟かしていた。そのビッグサウンドに若手サウンドが勝利したということで、全国のサウンドシーンの注目を集めるようになった。

そこからはしばらく、クラッシュに参戦するたびにRED SPIDERの名前がどんどん広がっていくのを感じた。

特に「激録ラバダブ'99」のツアーファイナルとして開催したJAM MASSIVEとのクラッシュに勝利して以降、大阪№1サウンドを決めるという名目でカエルスタジオがBAYSIDE JENNYで開催した「OSAKA CUP 2001」、三河のYa-Low PRODUCTIONがDIAMOND HALLで開催した「GUN FINGER 2K3」と続け様に全国区のビッグタイトルを奪取した頃には、すでにサウンドシーンでのRED SPIDERに対する注目度は、全国でもトップレベルと言っていいほどになっていた。

その勢いのまま、続いて「衝撃2K4」という横浜のCulture Shock ProductionがCLUB CITTA'で開催したサウンドクラッシュにも参戦したのだが、オレはこのクラッシュでは敗退した。なんせこのクラッシュで、オレは一旦、途中退場をしたのだ。

この日はもうハナから途中で帰ってやろうと決めていて、会場に向かう車内でも、当日同行していたKENTY GROSSやTOMY BORDERに「オレどっかで帰るから、見といて」と伝えていたのだが、本人達はどうせ冗談だろうと思っていたようだったので、本当にオレが途中でステージから捌けてきた時はびっくりしたようだった。

だが一番慌てたのはその日のプロモーターだったようだ。ステージを降りたオレの所へすぐさまやって来ると、「すぐにステージに戻ってくれ。ここで帰ったらギャラは払わない」と言うので、オレは渋々ステージに戻ってプレイを再開した。

なぜこの大舞台でそんなことをしたのかというと、それはオレがサウンドクラッシュというものに対して、他のサウンドと異なった考えを持っていたからに他ならない。

もちろん勝負なので勝った方がいいのは間違いない。でもそれ以上に、どうやってオーディエンスにとってのその日一番の思い出になるか、それが最も重要だと思っていた。

サウンドクラッシュというのは、その勝敗において、運の要素が大きい。もちろん実力の差がある場合はその限りではないが、基本的にオーディエンスによる判定のため、その会場がホームかアウェイか、それによる会場の客層の変化にも大きく影響される。だから、同じ相手と勝負しても、その日その日で結果は変わる。

にもかかわらず、一度の勝負をするだけでも、ものすごい資金が掛かる。その資金のほぼ全てがDUB代だ。DUBの相場はアーティストによってピンキリで、1曲に対してだいたい数万円から数十万円。もしかしたら当日かけるタイミングがないかもしれないし、掛けても数十秒というのがサウンドクラッシュでの曲の掛け方だ。それを何十曲と用意するわけで、全国クラスのクラッシュでは必然的に数十万円から数百万円の資金が掛かることになるのだ。

もちろんそうやって手に入れたDUBはサウンドにとっての財産なので、サウンドクラッシュ以外のイベントでもかけることはできるが、〝当日用〟と呼ばれるような、カスタムリリックの内容に対戦相手の名前などを入れ込んだDUBの場合、そのクラッシュ当日以外に掛けるわけにもいかない。だったらよしておけば良いのだが、その日その時間の数秒のためだけに労力と頭とお金を使って仕込んでくる、という馬鹿げた行動自体が、オーディエンスの熱狂に繋がり、勝負の決め手になったりもするので、避け難くもあるのだ。

もちろんこれは強制でも何でもないので、そんなに資金を注がずにクラッシュに望むことはできるだろう。だがそれくらいの意気込みで当日を迎えても、勝つことはおろか、お客さんの印象に残ることすら難しいのがサウンドクラッシュなのだ。だから当時のサウンドはみんな、大袈裟でなく人生を掛けてクラッシュに望んでいた。

もちろん大きなクラッシュであれば参戦しただけでギャラも出るし、勝つことができれば、賞金も出ることがほとんどだ。それを手にできれば、その日のクラッシュにかけた資金の一部は回収できるだろう。でもこれもあくまで一部に過ぎない。

つまり、サウンドクラッシュは、出れば出るほど赤字を生んでしまう存在なのだ。ではなぜそこまでしてサウンドクラッシュに参戦するのか。もちろん「やるからには最強のサウンドになりたい」というシンプルな、ある種スポーツ的なモチベーションを理由にすることもあるだろう。だがオレの場合はそうではなかった。

15歳の頃、地元の友達を集めて開催した筋肉ホールでのイベントが大成功し「これで飯食ってけるやーん!!」と思った日から、オレはサウンドビジネスで飯を食っていくことを目標に掲げた。そのために、知名度を必要としたオレが名前を売るために取り組んだのがサウンドクラッシュだった。オレにとってサウンドクラッシュは手段であり、目的ではなかった。

数年かけてそのサウンドクラッシュで順調に名を上げ、好き嫌いは分かれようとも日本のトップサウンドに名を連ねるようになり、十分と言えるほどに知名度を手にしていた。そしてこの時すでに、ROCK CITYなどでのプロデュースワークや、RED SPIDERとしてのMIX TAPEなどの作品が順調にヒットするようにもなっていた。

そんなオレにとって、次第にサウンドクラッシュはそれほど魅力的な存在ではなくなっていた。だから、オレはそこからサウンドクラッシュに参戦することはなくなった。

いや、実を言うと一度だけ、ブッキングを受け参戦を決めていたクラッシュがある。それは2010年にイギリスで開催される予定だったWORLD CLASH。世界中のレゲエサウンドが一堂に会し、トップを決める大会だ。

WORLD CLASHには、それまでにも過去一度だけ参戦したことがあった。2002年にNYで開催された「WORLD CLASH 2002」だ。世界のタイトルホルダー達が集まる中、オレは「OSAKA CUP 2001」の優勝者として出場した。

その時は、はっきり言ってボロ負けだった。今から思うと、色々と舐めてかかってしまっていたのだ。初めて経験するNYでのプレイで、いきなりのクラッシュ。客層のリサーチもろくにせずに、RED SPIDERのことなんて全然知らないお客さんだらけの中に飛び込んでしまった。クラッシュではない普段のイベントでも、地域や会場よって客層が変わると自ずとウケの良い曲は変わる。国内においてでさえ、初めてだったり久しぶりだったりする地域でのプレイで盛り上げるのは本当に難しいのだ。

だから、イギリスでのクラッシュが決まってからは、以前の反省を活かし、事前に何度か訪れて現地でプレイをすることで、イギリスのレゲエファンにウケやすい選曲もリサーチした。イギリス英語の発音もしっかり意識して、伝わりやすいMCをする用意もしていたし、当然このクラッシュに向けてのDUBもかなり録った。NYでの失敗を繰り返さないために、考えうる限りの準備を整えて、イベント当日を待った。

だが、結局そのサウンドクラッシュが開催されることはなかった。イベント直前になって、主催者であったプロモーターが飛んでしまったのだ。

準備を重ねていた分、ショックはなかなか大きかった。

1万人が熱狂した「緊急事態」

サウンドクラッシュへの興味が次第と薄れていく中、逆に興味が湧いてきたことがあった。それは、RED SPIDERだけで、どれだけのお客さんを集められるかと言うことだった。

レゲエのイベントは、サウンドセッションであっても、アーティストのショーが組み込まれたイベントであっても、イベントの規模に関わらず数サウンド、数アーティストがラインナップされていることがほとんどだ。

どれだけお客さんが入っても、「全員オレを見に来てた！」とは言い難いし、逆にもしそのような状況があったとしても、プレイできる時間が限られる為、その自分のファンを十分に満足させることは難しい。

そこでオレはワンマンイベントを開催することにした。会場は大阪・ミナミのアメ村の三角公園横にあった頃のJoule。ちょうど当時レギュラーイベントとしての「ZUMZUM NIGHT」を開催していた場所だ。そこで初めて、ONE SOUND DANCEと銘打ち、「RED SPIDERだけで一晩やるよ」というのを打ち出してイベントを開催した。

その日は同じ大阪でMIGHTY CROWNが出演するイベントがあり、当日を迎えるまでは不安もあったが、結果は大成功で400人ほどのお客さんが集まってくれた。しかもただただ〝レゲエが好き〟というお客さんじゃない。年に数回もない、MIGHTY CROWNのプレイを大阪で見るチャンスを逃してでも、オレを見に来てくれたお客さんなのだ。それはもう、ファンだろう。400人ものファンがRED SPIDERを応援してくれているのを、オレは初めて目の当たりに出来た。

それからしばらくして、BAYSIDE JENNYが閉店するという話を耳にした。大阪のレゲエシーンにとって、最も重要だった大箱がなくなってしまう。そこでオレは、Jouleで成功したONE SOUND DANCEをBAYSIDE JENNYで開催することにした。

その時初めて、フライヤーに大きく書かれた言葉、それが「緊急事態」だ。これがその後、万人を超えるイベントに成長して行くことになるオレのワンマンイベント「緊急事態〜RED SPIDER ONE SOUND DANCE〜」の初回となった。

BAYSIDE JENNYは大箱だったから、もちろんサウンドのワンマンなんて誰もやったことがなかった。いきなりだったらオレも躊躇していたかもしれない。だがJouleで４００人のファンを目の当たりにしていたことが、背中を押してくれた。

当日は巨大なカエルスタジオのサウンドシステム〝K－３７５６S〟をフロアに配置していたこともあって、８００人ほどのお客さんが入ってくれてパンパンだった。

サウンドのワンマンでBAYSIDE JENNYをいっぱいにするというオレの挑戦は大成功をとげたわけだ。

オレはこの時期くらいまでメジャーから作品をリリースする際は、常にROCK CITYやSKY IS THE LIMITなどのレーベルを前に立てて、プロデューサー、いわば裏方として作品を発表していた。だが、作品をいくつも発表しているうちに、ある事実に気付いた。それは、プロデューサーのことを意識して聴いているリスナーなんて、よほどの音楽好きぐらいのもので、大半の人は気にすることもないということだった。これではどれだけがんばって作品を作ってもRED SPIDERの知名度はさして上がっていかない。

もちろんインディーズでダブミックスなどリリースする時はRED SPIDER名義でリリースしていたが、タワーレコードやHMV、TSUTAYAなどの大手のCDショップでも取り扱って貰えるようになっていたとはいえ、ダブミックスはどうしても制限が付きまとう存在だった。それは、既存のRiddimを使用することの多い、ダブミックスの宿命でもあった。

そこでオレが次に取り組んだのが、すべて自分のオリジナルRiddimでダブを録り、いわゆる権利処理もすべてキチンとこなした上で、なんの制限もかけることなく売ることのできるダブミックスをメジャーから発表することだった。当時ジャパニーズレゲエの人気がすごかったのもあり「ほんなら日本人モノのミックスから作ってみようか」と制作に入った。

まず作品に使うRiddimの制作から始め、当時勢いの出てきていた若手や、メジャーアーティストとして最前線で活躍していた中堅、日本のレゲエの礎を作ってきたベテランのアーティスト達に声をかけ、その作品用のダブを録っていった。

そうして出来上がったのが、Ｖｉｃｔｏｒから2007年2月にリリースした「爆走エンジェル」だった。この作品は、リリースされるや否や、オレの想像をはるかに超えた売れ行きをみせた。それはもう、大爆発と言って差し支えのないほどの反応だった。

オレはこの作品の大ヒットを受け、次回の「緊急事態」を当時大阪・南港にあったZepp Osakaで開催することにした。

Zepp Osakaといえば、大阪で最もキャパシティの大きなライブハウスで、レゲエでは年に数回ほどの豪華メンツを集めて開催するフェス級のイベントなどでしか使わない場所だった。

２０００人を超えるキャパシティを考えると「さすがに無茶かな?」という思いもあったので、チケットは破格の1000円にした。1000円だと本当に2000人来てくれても、チケット手数料、箱代、PA代、照明代で全て飛んでいってしまう。だから、もし成功したとしても必然的にノーギャラだ。でもそれでもよかった。もしたとえ満員にできなくて赤字が出たとしても、今お金を払ってRED SPIDERを見に来てくれる人が何人いるのか、それが知りたかった。

だが予想外なことに、この2007年の「緊急事態」も、前売りチケットが簡単に完売してしまったのだ。

こうなってくると、1人でどこまで集められるか、オレはそれが気になって仕方がない。

翌年、次は5000人の集客を目指し開催することにした「緊急事態」は、大阪・南港のATC HALLを会場に選んだ。普段ATC HALLは大きな展示会などを開催しているイベント会場で、あまり音楽ライブをしているイメージのないところだった。ここのAホールをオールナイトで借りて開催したのだが、もちろん備え付きのステージなどはないので、フェスなどと同様にステージも音響も全て運び込んで会場をセッティングした。

さすがに大きく出過ぎたかとも思ったが、この「緊急事態」も5000枚の前売りチケットが完売し、広い会場を満員にすることができた。

オレはこの経験で、自分のファンがめちゃくちゃ増えてくれていることをようやくはっきりと感じるようになった。ただ、今回もチケットは売り切れてしまった。もしかすると、来たかったのにチケットがなくて来ることができなかった人もいるかもしれない。

だから、次は大台の1万人を目指して、大阪城ホールでの開催を考えた。早速大阪城ホール側にコンタクトを取ったものの、大阪城ホールはなかなか敷居の高い会場で、この時は会場側に断られてしまい、断念することとなった。悔しくはあったが、理解できなくもなかった。テレビにも出てこない、アンダーグラウンドな、それもいわゆるＤＪのイベントを大阪城ホールで、とは、会場側の人もさぞかし困惑したことだろう。

素直に諦めたものの、1万人級の会場となると、選択肢がもうほとんど限られてくる。検討した結果、２００８年の開催地であったＡＴＣホールを、Ａホールに加えてＢホールも借りることで1万人クラスの会場にできるということがわかり、そこで開催することにした。それが「緊急事態　ａｔ　ＡＴＣ　ＨＡＬＬ　２０１０」だ。

1万人を目指した緊急事態の開催が決まると、オレはその前にテコ入れが必要な気がして、前回大ヒットしたジャパニーズダブミックスの続編をリリースすることにした。タイトルはわかりやすく「大爆走エンジェル」だ。２０１０年7月にリリースしたこの作品は、オリコンのアルバムランキングで13位まで食い込むほどに大ヒットを遂げた。前回を上回るほどの大爆発をしたわけだ。

この追い風を受けて２０１０年10月に開催した「緊急事態」は９０００人を集客した。自分で言うのもなんだが、ワンマンでそれほどのお客さんを集めることのできるアーティストというのは、メジャーシーンを見回してもそうそういるもんじゃない。そこでオレ達はこの実績を引っ提げて、翌年にもう一度大阪城ホールに掛け合ってみた。

だが、大阪城の城壁はやはり高く、その時も断られてしまった。「城ホール、やっぱめちゃくちゃ厳しいねんな。オレらみたいなアングラのやつには難しいねんな……」と、一旦は完全に諦めることになった。

そうして一度は諦めることにした大阪城ホールでの「緊急事態」開催だったが、ここでまた、幸運の女神がオレに微笑んだ。

２０１１年当時、「The Perfect Vision」でメジャーシーンに躍り出てから、コンスタントにヒット曲を世に送り続けていたＭＩＮＭＩが、毎年大阪城ホールでカウントダウンイベントを開催していた。オレはそのイベントの温め役として出演していたのだが、たまたまそれを見に来ていた大阪城ホールの偉いさんが「ええやん、この人。おもしろいやん」と言ってくれたらしく、オレの大阪城ホールでのワンマン開催にＯＫを出してくれたのだ。まさに鶴の一声だった。

大阪城ホールで２０１２年に「緊急事態」ができることが決まると、オレはその日までＲＥＤ ＳＰＩＤＥＲの話題が切れることのないように、色んな作品を仕込んでいった。

２０１１年にはカエルスタジオから２枚のダブミックスをリリースし、２０１２年の３月にはVictorから「AH MURDER」というアルバムをリリースした。これはジャマイカのレゲエアーティストをオレがプロデュースした、初のコンピレーションアルバムだ。

実はこの作品よりもだいぶ前に、ジャマイカで「Zarek」というレーベルを作り、現地のアーティストをプロデュースした作品を十数曲リリースしてはいたのだが、この時は7インチでしかリリースしていなかったので、オレがプロデュースしたジャマイカンアーティストのアルバムというのは、この「AH MURDER」が初めての作品となった。

オレはこの作品を発表してすぐ翌月の4月に、また1枚のダブミックスをカエルスタジオからリリースすると、翌5月にZeppツアー「天気晴朗ナレド波高シ」を開催した。サウンドマンであるオレが、全国6ヶ所のZeppをまわりライブをすることにしたのだ。

オレはこのサウンドマンという存在は、一般的なアーティストと比べてある種のハンデを抱えていると思っている。なんせ、わかりにくいのだ。

いわゆるＤＪだが、ＤＪという存在自体がここ日本ではそんなに市民権を得ていない。国内のＤＪで、それだけで飯を食えている人なんてあらゆるジャンルを含めても一握りなのに、レゲエだとそれが呼び方まで変わってしまう。

サウンドマンに対しての認知度なんて、世間的には1％にも満たないだろう。これが歌い手だったら歌詞に載せてダイレクトにメッセージも飛ばせるし、何よりレゲエを知らない人にとっても理解されやすい分、とっつきやすいだろう。間口が広がる分、当然ファンにもなってもらいやすいはずなのだ。

そういった意味でハンデを背負った、マニアックな存在であるサウンドマンが日本のライブハウスの最高峰とも言えるZeppでツアーをする。当時は前代未聞のことだった。

ただ、サウンドマンがツアーをするからには、やはり他のジャンルとは一線を画すレゲエの音のヤバさを、どうにかして体感してもらいたいと思った。だから、オレ達はどの会場にもサウンドシステム〝K－3756S〟を運び込むことにした。陸路で行けない札幌にはフェリーを使って運び込むのだ。スタッフはなかなか大変だったと思う。

GW明けの大阪を皮切りに、仙台、札幌、福岡、名古屋、東京を順に巡った。このツアーファイナルとなった東京Zepp DiverCityでのライブの最後に、オレは1つの仕込みをしていた。ステージのオレのバックにあるLEDのビジョンに、「2012年10月26日（金）開催決定！」「大阪城ホール」「RED SPIDER 緊急事態 －ONE SOUND DANCE－」と映し出した。

その年に2年ぶりの緊急事態を、それも大阪城ホールで開催することを、初めてそこで情報解禁したのだ。

オレはみんなの反応を楽しみにしていた。なんせ大阪城ホールだ。最大で1万6000人を収容する関西随一のライブの殿堂、そこでサウンドマンが単独公演をするのだ。それはもう、みんなが「うおぉぉぉーー！　ジュニアすげー！」と驚いてくれるものだと思っていた。

だが、会場のみんなの反応はオレの思っていたのとはずいぶん違っていた。

最後に「ＲＥＤ　ＳＰＩＤＥＲ　緊急事態　－ＯＮＥ　ＳＯＵＮＤ　ＤＡＮＣＥ－」と映し出された瞬間こそ、歓声があがったものの、「大阪城ホール」に対しては、ほとんど無反応だったのだ。まるで「どこそれー」とでも言わんばかりだった。

そりゃそうだったのだ。よく考えたらわかることだったかもしれないのだが、ここは東京会場だ。ここにきているお客さんは、そのほとんどが関東近郊から来ている人ばかり。いくら関西最高峰のコンサートホールといっても、東京会場に集まったお客さんにとっては、地方の知らない一ホールだったのだ。

オレは「大阪で告知しといたらよかった……」と少し後悔をした。

このZeppツアーを終えると、オレはその模様をＤＶＤにして発売することにした。ＲＥＤ　ＳＰＩＤＥＲ史上、初となったその映像作品『ＲＥＤ　ＳＰＩＤＥＲ　Ｚｅｐｐ　Ｔｏｕｒ　２０１２～天気晴朗ナレド波高シ』だ。２０１２年10月10日にカエルスタジオから発売されたこの作品は、インディーズにも関わらず発売されるや否や、当時人気だったＫ－ＰＯＰアーティストの少女時代の作品などを押しのけてオリコンＤＶＤチャートで1位をとってしまった。

緊急事態を直前に控え、ジャマイカでの制作をしていたオレは、日本からかかってきたカエルスタジオのスタッフからの電話でそれを知り、ふと思った。

「え……めんどない？」

オレはインタビューが嫌いだ。

昔はフリーマガジンの「Riddim」くらいしかメディアのなかったレゲエシーンだったが、2000年代の半ばにレゲエブームが来てからは色んなメディアが生まれ、インタビューの依頼を受けることがよくあった。当初はしぶしぶながらも応じていたが、どのメディアの質問の内容も似通ったものばかりだった。インタビューが繰り返されるたびに同じ内容の話をすることが多く、オレはそれが苦痛で仕方がなかった。しかも、たまにサービス精神を出して少し刺激的なことを言おうものなら、その部分は当たり前のようにカットされる。

次第にオレは、ほとんどのインタビューを断るようになっていた。

DVDがオリコンで1位を取ったりすると、各方面から取材依頼が殺到するであろうことは容易に想像できた。この緊急事態を控えた忙しい時期に、そんなものに対応している暇はなかった。

オレは咄嗟に、「え、あかんあかん！ 止めて！ 出荷止めて！」とカエルスタジオのスタッフに伝えた。そしてそのまま、せっかくオリコンで1位を取り大ヒットを遂げようとしたDVDの流通をストップし、初回プレス分限りでそのまま廃盤にしてしまうのだった。

その数日後、日本に戻ったオレは大阪城ホールでの「緊急事態」に臨んだ。当然サウンドマンがワンマンでその舞台に立つことなど初めての出来事で、まさに前代未聞だった。

金曜日の夕方にもかかわらず、オレのこのハレ舞台には全国から多くのファンが集まってくれた。

ステージから見た、楕円形のホールの客席が埋め尽くされたその光景は、まさに圧巻の一言で、大阪城ホールでの「緊急事態」は大成功を収めることができた。

ちなみにこの日、客席にはオレのイベントに初めてきた人がいた。それはオレの母親だ。母親はオレがちゃんと音楽で稼げるようになってからはずっとオレの活動を応援してくれていたものの、イベントにはきたことがなかった。オレは今までの一番の大舞台となるこの大阪城ホールでの「緊急事態」だけは、どうしても母親に見届けてもらいたいと思って、母親を誘った。

当初は母親もしぶっていたものの、珍しくオレが熱心に誘うものだから、来てくれることになったのだ。当日、母親には兄のシルキンが付き添ってくれていた。

オレは少し誇らしかった。こんなにも多くの人が、オレのライブのために集まってきてくれているのだ。母親もさぞかし喜んでくれるだろう、そう思っていた。

だから、オレはその日の「緊急事態」の終盤あたりで、母親に対してある曲をかけた。それはSizzlaの「Thank you mama」のダブだった。この曲は母親への感謝と愛情をストレートに表現した大ヒット曲で、少し照れ臭かったものの、オレは1万人のオーディエンスの前で、たった1人の母親に向けてその曲をかけた。

マイクを通して普段なかなか言葉にすることのない母親への感謝の言葉を口にしながら、曲を掛けたのもあって、「下手したら、オカン泣いてしもたかもしれんな」と思っていた。

緊急事態を終えると、シルキンが楽屋に顔を出してくれた。オレがシルキンに「あの曲かけた時どんな感じやった？」と尋ねると「え？　始まって5分くらいで帰ったで」とシルキンは答えた。母親は会場のあまりにもの爆音に耐えられず、開始5分ほどで席を立ち、先に帰ってしまったのだという。

オレはもう、笑うしかなかった。

母親の他にも、この日はオレが今まで世話になってきた色んな人達がオレのハレ舞台を応援しにきてくれていた。その中にはＲＥＤ　ＳＰＩＤＥＲの活動開始当時に一緒に活動をしていた元メンバーや、ＲＥＤ　ＳＰＩＤＥＲの名前の元となった暴走族〝紅蜘蛛〟のメンバーのような、オレが初めて開催した筋肉ホールでのイベントの時から、20年来にもわたって応援してくれていた人達もいた。みんなが、オレの大勝負の成功を本当に喜んでくれた。

だが、イベントが終わっても、楽屋に姿を見せない人物がいたことが少し気にかかった。それは、モンキーさんとファットさんの先輩2人だった。

レゲエを始めたばかりの、オレがまだ本当に何者でもなかった頃、オレが歩むべき道を見つけるきっかけを作ってくれた先輩2人だ。当時のオレを野良ニンゲンと表現したのも、他でもないモンキーさんその人だった。

この2人が居なければその後のＲＥＤ　ＳＰＩＤＥＲは存在していなかったかもと思うほどの2人だったので、大阪城ホールの緊急事態はどうしても見てもらいたくて、楽屋まで入れるバックステージパスを準備し、招待していた。だが、その日その２人が姿を現すことはなかった。

少し残念な気がして、後日２人に会った時に、思い切ってオレは「城ホール、来てくれなかったんですか？」と尋ねた。すると「いや、行ってたで」と２人が即答するので、オレは「えっ？」となった。

詳しく話を聞くと、オレの大舞台はもう自分のことのように嬉しく、めちゃくちゃ楽しんでくれたようだ。楽屋へ来なかったのは「こんなけ大きなことをやったんや。ジュニアも今日は疲れてるやろし、楽屋に顔出す人も多くて相手するんも大変やろ」と気を遣ってくれたのだそうだ。

オレは出会った頃から何十年経っても見守り続けてくれているこの２人の温かさを、改めて思い知ることとなった。

日本人にしか作れないレゲエ

こうして「緊急事態」が拡大を続けていった数年間、日本のレゲエシーンはかつてないほど盛り上がりを見せていた。オレ達のイベントの動員も大きくなり続けてはいたが、その影で「ＤＥＬＡＭＯＶＥ」の頃からあったようなカエルスタジオバッシングのようなものは、その後もずっと続いていた。

それに、この頃になるとアンダーグラウンドのレゲエシーンからメジャーフィールドに足場を移し、常にオリコンチャートを賑わすアーティストが出てくるようになった。オレはそういったアーティストの制作に直接関わることも多かったのだが、レゲエシーンからはそういったアーティストやオレに対して、影でコソコソと「あいつらの音楽はレゲエじゃない」という声が出てくるような状況になってきていたのだ。

もしかすると、その時レゲエを聴いていた多くのファンからすると寝耳に水のようなことかもしれない。だがこの数年の間、レゲエシーンは確かに二分され、対立構造のようなものができていた。

ただ、どれだけ「あいつらの音楽はレゲエじゃない」と言われようが、オレには自分の作るレゲエに対して、確固たる自信があった。それはオレがずっと、ジャマイカのモノマネじゃないレゲエ、日本人にしか作れないレゲエを作っていると自負していたからだ。

オレはジャマイカに長く住み、ジャマイカのレゲエを自分の中で消化していくうちに、自然と身につけたレゲエに対する考え方があった。

きっかけの1つは、世界的なレゲエアーティスト、シャギーのプロデューサーであるロバートに言われた言葉だったと思う。オレはジャマイカにいると、キングストンの彼らのスタジオを、よく溜まり場の1つにしていたのだが、そこで仲良くなったロバートはオレにこう言った。

「お前らのアイデンティティはなんだ？　ジャマイカ人の真似をしていても、ジャマイカ人の作るレゲエは超えられないぞ」

たしかにそうなのだ。

初めはオレもレゲエを通してジャマイカにハマって、ジャマイカのレゲエこそレゲエだと思っていた。ただジャマイカに長く住み、パトワを覚え、レゲエのリリックが理解できるようになった頃、オレは気づいた。オレ達はどれだけジャマイカに住んでいても、ジャマイカ人にはなれないし、なる必要もないということに。

もちろん表層を真似することはできるし、国籍を変えてしまえば、形式上はジャマイカ人になれるかもしれない。だが、同じルーツを持っていないオレ達には、ジャマイカ人の歴史を背負うことはできない。そんなオレ達が、ジャマイカのレゲエと全く同じトピックを扱ったところで、それは全く別のものになってしまうのだ。

例えばよく知られたボブ・マーリーのワンラブのような歌でもそうだ。この歌はよく、ただただ「みんなで手を取り仲良くしよう」という友愛を歌った歌だと思われがちだが、ジャマイカ人の背負っている植民地時代の苦しみや、独立後も続いた他国からの干渉によってもたらされる、ジャマイカ内の政党同士の血生臭い対立のことなどを理解すると、全く違う印象を持つ歌だということがわかってくる。

そんな歌を日本人が歌ったところで、それはその歌の持つ本当のパワーを、半分も表現できるはずがない。

だからこそ、ロバートはオレに「お前らのアイデンティティはなんだ?」と問うたのだろう。

詰まるところ、レゲエはアイデンティティの表出なのだ。自分達の国や民族の歴史やカルチャー、または個人の出自や人生、それらの影響を受けて形成されるアイデンティティをどう表現できるか、それが重要なのだ。

そう言った経験を経てオレは、日本人は日本人の言葉で日本人の背負っているアイデンティティを歌にするべきで、それこそが日本人が表現すべきレゲエだと考えるようになった。

そしてそれはそもそも、オレが最初にプロデュースのイロハを学んだB．P．さんや、そのプロデュースを受け世に出た三木君が、何年も前からすでに実践してきていたことだった。その2人の影響を受けてきたオレが、そう考えるようになったのは、ある種当然とも言えることだったのだと思う。

またこれは、音作りにも言えることで、ジャマイカのトレンドを追いかけているだけでは、それはいつまで経っても自分のレゲエにならないことを、オレはこの頃から理解するようになった。そして、自分の感性のままに、自分の中で消化した音作りをするようになっていた。そんなオレのレゲエを、当時レゲエとして受け止めることのできなかった人達がいたことは、ある種仕方のないことだったのかもしれない。

時期にもよったが、レゲエシーンに起きていたカエルスタジオに対する向かい風は、結構な風速を伴うものだった。だがオレにはこうした確固たる想いがあったので、たいして気にならなかった。

それに、そんな状況も悪いことばかりではなかった。

確かに当初は地方でのイベントが開催しにくいことなど、大変な部分が多かった。だがそのおかげでオレ達はまず地元大阪の地盤を固めることに集中することができた。そうこうしている内にTwitterなどが登場すると、いち早くそれを導入し、ファンに向けて直接情報を発信していくことができるようになった。そしてさらにオレ達は、レゲエシーンの隆盛に頼りすぎず、自分達で自分達のファンを作り、そのファンに向き合って活動してくることができた。そうして、何十年間とオレのことを応援し続けてくれるようなファンを獲得してくることができた。

こう言ったことも全て、カエルスタジオに対して吹いた向かい風のおかげだったと言えるかもしれない。スキーのジャンプ競技などと一緒で、多少の向かい風は、さらに遠くへ飛ぶために必要不可欠なことだったのだろう。

一時休養

無事大阪城ホールでの緊急事態を終え2013年の年が明けた頃、次はどこで緊急事態を開催しようかと検討に入った。その年に緊急事態を開催する予定はなかったが、大きな会場を週末に押さえるには、1年以上前から予約を入れる必要があるからだ。

緊急事態は、以前からオレの地元である大阪で開催することに決めていた。だが、大阪城ホールを超えるコンサートホールなど、大阪にはない。そうなると、もう野外くらいしか手はない。野外であれば、レゲエファンのほとんどが知っているおあつらえむきの場所があった。ＨＩＧＨＥＳＴ ＭＯＵＮＴＡＩＮの開催地となっていた舞洲《まいしま》・スポーツアイランドである。

ただ、常識的に考えて舞洲といえば問答無用のフェス会場で、そうそうワンマンイベントをやるような場所ではない。レゲエ以外の音楽ジャンルを含めて考えても、もちろんＤＪプレイでのワンマンなんて今までに例のないことだろう。

「１人で、あそこやったらどうなんのかな？」

オレはそう考えだすと、もう試してみたくて仕方がなくなってしまった。

イベントの開催自体はできるだろうと思った。だがあくまでそれは会場の規模を調節しての話だ。本当にあのだだっ広い舞洲に見合うだけのお客さんが来場し、イベントとして形になるかどうか、そこが問題だった。舞洲でやるとなると、必ず1万人超えはしないといけない。不安はあったが、オレは翌２０１４年の9月27日に舞洲で「緊急事態」を開催することを決め、また制作の期間に入っていった。

オレはこの２０１３年から、長く契約を続けていたメジャーレーベル Victor を離れ、ユニバーサルに移った。

Victor に所属していたＭＩＮＭＩの作品の制作を手掛けていた縁で、オレも Victor と契約するようになってから、すでに10年以上の月日が流れていた。この頃にはＭＩＮＭＩもすでにユニバーサル内のレーベルに移籍していたし、当時カエルスタジオでマネージメントをしていたシングジェイ、ＢＥＳもユニバーサルに所属していた。もちろんその制作にもずっとオレが関わっていたのもあって、ユニバーサルの方からオレに声をかけてくれたのだったと思う。

その誘いを受けることにしたのは、別のメジャーレーベルの環境を試してみたくなったというのもあったが、一番大きかったのはユニバーサルの方が金銭的にいい条件で迎えてくれるから、というシンプルなものだった。

ユニバーサルに移籍すると、オレは早速ジャマイカと日本を行き来しつつ、怒涛のスピードで制作を開始した。契約上、２０１３年の間に2作をリリースする必要があったからだ。

ユニバーサルでの初作品、爆走シリーズに続くオレのジャパニーズレゲエダブミックスの3作目、「逆ギレ・アウチ!!」を6月にリリースし、その次作として若手アーティストに焦点を当て客演に迎えたＲＥＤ ＳＰＩＤＥＲのプロデュースコンピレーションアルバム、「Generation Shock」を12月にリリースすることにした。

その「Generation Shock」のリリースの直前、事件は起きた。

12月8日の仙台・Ｒｅｎｓａで開催した「ＺＵＭＺＵＭ ＰＡＲＴＹ」というイベントでのことだ。出番の目前になって、突然オレの左耳が聞こえなくなり、視界が「ぐにゃり」と曲がった。平衡感覚を失い立っていられなくなり、オレはそのまま倒れ込んでしまった。

とりあえず、急遽次の出順だったＢＥＳに出番を交代してもらい、30分ほど横になった。

当時のマネージャーは心配して「中止にしますか？」と聞いてくれたが、今日のイベントはオレにとっては数あるイベントの１つでも、会場に駆けつけてくれているファンにとっては、たまにしかないであろう日常を忘れられる楽しい時間のはずだ。余計な心配などさせて空気に水を差す訳にはいかない。

そう考えたオレは、お客さんに悟られないように、なんとかいつものようにプレイをやり終えた。

だが、音楽を仕事にするものにとって、耳が聞こえないという状況はシャレにならない。オレはライブを終え大阪に戻ると、すぐに医者の診断を受けることにした。

診断の結果はメニエール病だった。

メニエール病は、睡眠不足や疲労などの身体的ストレス、精神的なストレスの蓄積により、耳の中の平衡感覚を司る内耳という部分にリンパ液が過剰に溜まることによって引き起こされる病気で、回転性の目眩や吐き気、耳鳴りや難聴が症状として現れる。

オレの症状はすでにかなりきついところまで来ていたようで、病院の先生が言うには「とにかく薬を飲みながら休養をとるしかない」とのことだった。

ＲＥＤ ＳＰＩＤＥＲとして活動を開始して以来、オレは休むことなく走り続けていた。特にここ10

年ほどは、日本中を股にかけてのライブ出演と、ジャマイカと日本を行き来しながらの制作で、昼も夜もない生活を続けていた。多少体調を崩したりしても、キツめの解熱鎮痛剤とエナジードリンクで誤魔化しながらイベント出演を続けたりしていた。

そんな生活が祟り、実はこのメニエールで倒れる４ヶ月ほど前、オレはすでに一度肝臓をパンクさせてしまっていた。薬やカフェインの摂りすぎで、肝臓がキャパオーバーになり、すっかり機能停止してしまったのだ。みぞおちに我慢し難いほどの痛みを感じ、40℃もの高熱が下がらなくなった。

病院に行き検査をすると肝臓の数値がとんでもないことになっていたようで、先生には「このままだと死んでしまいますよ」と即入院を勧められたが、仕事に穴を開けるつもりのなかったオレはそれを断り、点滴を打ってとりあえず熱を下げ、食事制限だけはしっかりするようにした。

それまではよく飲んでいた酒もやめたし、大好きだったファストフードもこの時ばかりは一切食べなくなった。

しばらくすると肝臓の数値は落ち着き、症状は治った。だがしっかりと休養を取らずにいたことで、なんの根本解決にもなっていなかったようだ。オレの身体はすっかりボロボロになっていたのだ。

メニエール病の診断を受け、今回ばかりはオレもさすがにしっかり休養を取ることにした。まず10日ほどは、耳には医療用の耳栓を詰め、無音状態で数日を過ごした。

この無音の生活の中、オレはいろいろなことを考えた。

果たして本当に耳はまた聞こえるようになるのだろうか。もし治らなかったとしたら、音楽家としてはもう潔く引退するしかなくなるだろう。その時は、友達の運送屋はオレを雇ってくれるだろうか。カエルスタジオのみんなはどうなるだろう。解散してしまったりするのだろうか。それともBESやケンティーが稼ぎ頭になってがんばっていくだろうか。麻苧君のことだから、誰かまた新しいタレントを見つけて、スターへと押し上げていくかもしれないな。

そんなことを考えている内に数日が経ち、耳栓を外せるようになった頃には、目眩もだいぶ治っていた。どうやら、治癒に向けては進んでいるらしい。オレは思った。

「オレのカラダ、まだ使えるやん！　ラッキー！」

だが喜んでばかりもいられない。メニエール病は、当時厚生労働省から難病指定を受けていたような病気で、再発の可能性も考えられるらしい。オレはペースを抑え、疲れを溜めないように気をつけながら、少しずつライブや制作の活動を再開していくことにした。

耳の違和感はまだまだ続いてはいたが、またレゲエができる。それがめちゃくちゃ嬉しかった。「やりたいことを、やれる内に、全部やっておこう」オレは改めて心に決めた。

地獄の47都道府県ツアー

十分な休養を取り、2014年に入るとオレは少しずつ制作やイベントを徐々に再開した。まず取り掛かったのは、この年の7月にリリースした「BYE BYE BADMIND」の制作だ。Victor の時にもやった、オレがプロデュースするジャマイカンアーティストのコンピレーションの第2弾だ。もちろん今までとは違い、決して無理をせずに十分なスケジュールを持って取り組んだ。

耳の調子は時間と共に少しずつ良くなってきていたが、6月のMINMIとのツーマンツアーを東京、大阪、愛知の3都市で開催した時は、まだ耳に違和感が残っていたのを覚えている。

実はこの年、オレはMIGHTY CROWNから10年ぶりぐらいに横浜レゲエ祭のブッキングを受けていた。その年の9月7日に開催とのことで、もちろん緊急事態の直前の時期というのもあったが、オレは体調不良を理由に断らせてもらった。すぐ後に控えた、緊急事態に万全な状態で臨むための判断だった。

数年後にMIGHTY CROWNと話した際に知ったことだが、オレがメニエール病にかかっていることをぜんぜん知らなかったらしく、横浜レゲエ祭に出たくなくて体調不良を言い訳にしたのだと思われていたらしい。

そうして慎重に緊急事態までの日々を過ごし、オレはなんとか万全な状態で当日を迎えた。オレにとっても初めてとなった野外での緊急事態は、もうとてつもない光景だった。RED SPIDERを見るために、舞洲スポーツアイランド・太陽の広場に集まった1万人が夕日に照らされる姿をみて、オレは一瞬泣きそうになった。

緊急事態を無事に終えて少し休むと、オレはそれまでペースをスローダウンさせていた分を取り戻すようにまた制作に入った。年末から年明けにかけての期間で新たなジャパニーズレゲエダブミックス『ハナヂブー』を完成させ、2015年の3月にリリースした。そしてこのリリースとほぼ同時に、RED SPIDERとしては初めてとなる47都道府県ツアーに入ったのだ。

今までも全国ツアーは何度かしてきたが、基本的には各地方の主要都市を回るもので、47都道府県を隈なく巡るような企画ではなかった。

地方の中にはなかなか適当なキャパの箱がない地域もあるし、音環境のことなども考えながらの箱探しは、準備の段階からスタッフはかなり大変だったと思う。それでも47都道府県ツアーの開催を決めたのは、このとき少し失速を始めていたレゲエシーンへ発破をかける意味もあった。「サウンドマンが47都道府県ツアーできるんやから、歌い手やったらもっといけるはずやで！」という思いを込めていたのだ。

この47都道府県ツアー「ジュニアがゆく！　今一度日本をUP致し候ツアー」は、3月9日に大阪・梅田のクラブクアトロで開幕し、47都道府県をわずか3ヶ月ほどで巡った後、少し間を空けてから最後にもう一度大阪・Zepp Nambaでツアーファイナル公演をすることにした。

このツアーファイナルは、オレにとってはまた新たな挑戦だった。Zepp自体は今までに何度となく使ってきたが、今まではすべて週末だったからだ。最大で２０００人オーバーのキャパを持つZepp Namba を、ド平日にいっぱいにできるものだろうか。

だがその心配も、チケットが発売されるとすぐに杞憂だったことがわかった。２０００枚以上のチケットが、ものの1、2時間で完売したのだ。オレは自信を持って、残りのツアー行程に臨むことができた。

ファイナル公演以外のツアー日程は、基本的に平日を避け、週末と祝日、祝前日だけの日程にした。このせいでGW周辺はもう驚異的なスケジュールになってしまった。たった17日間で13公演をすることになってしまったのだ。これがもう、想像を絶するしんどさだった。

RED SPIDERのプレイを見たことがある人ならもちろんわかると思うが、オレは曲をかけながらMCもするから、喉を酷使する。どこの地方へ行っても、お客さんは「待ってました！」と言わんばかりのすごいバイブスだから、こっちも負けないような熱量で煽り続けなくてはならない。だから毎日2時間、もうフルのバイブスでプレイする。

RED SPIDERのツアーとはいえ、その2時間をぶっ通しで、となるとさすがにハードすぎるので、〝お助けマン〟という立ち位置で歌い手達がショーをしに来てくれていた。構成で言うと、オレが1時間プレイした後、KENTY GROSS、BES、APOLLOなどが15分ずつショーをする。その間は、カエルスタジオのライブでバックDJを担当してくれているセレクターのYOKO－

Pがカットをやってくれるから、オレはその1時間の間に喉と体を休め、そこからまた1時間プレイをする、と言う流れだ。

途中空き日も数回あったとはいえ、このようなライブを、会場間の長距離移動もこなしながら、17日間休みなしで続ける事になった。オレ達の場合、アーティストやマネージャーの他にも、照明さんやPAさんとも一緒になって大所帯のクルーで動くから、みんなのストレスの溜まり方はもうひどいものだった。

この強行日程の最後の地は沖縄だった。沖縄でのライブが終わると、3、4日の空き日がまっている。疲れもストレスもフルに溜まった状態だったが、南国の解放感も相まって、みんなはライブが終わったらもう弾ける気満々だった。

この時オレはお酒を控える生活を続けていたから、イベント後の打ち上げに一応顔は出したものの、すぐにホテルへ戻った。疲れもすでにピークに達し、そこから遊ぶ体力など到底なかった。オレはホテルへ戻るとすぐに眠りについた。

そのまま深い眠りにつき、翌朝の指定されていた時間にホテルのロビーへ出た。すると当時のマネージャーのノビが、なぜか顔を青くしてオロオロしている。

オレが「どうしたん」と声をかけると「YOKO－Pが捕まりました」という。青天の霹靂だった。

事件は、昨夜オレが先に帰ってしばらくしてから起きたらしい。

みんなで残って遊んでいたところ、ＢＥＳとＹＯＫＯ－Ｐが喧嘩をし出したそうだ。同い年の2人は、カエルスタジオに加わる前から元々一緒のクルーで活動していた特別な関係だ。普段は仲もいいが、酔うと些細なことから口論になるようなことはしばしばあったりしたようだ。とはいえ、ツアーの最中にアーティストに手を出すわけにもいかないＹＯＫＯ－Ｐは、やり場のない怒りを、あろうことか打ち上げ会場のそばに停まっていたタクシーにぶつけてしまったらしい。タクシーの運転手さんはすぐに警察を呼び、そのまま逮捕され、留置されたのだ。文字通りの、事件だった。

結局ＹＯＫＯ－Ｐはその後の数日間、沖縄の警察に拘留されて、翌週末の公演を2箇所ほど飛ばすことになってしまった。

後から思うと、3ヶ月で47都道府県を回りきるという行程がやはり無茶だった。「行けるっしょ！」といったくらいの勢いで計画したのだが、実際やってみると、もう2度とやりたくないと思うくらいにハードだった。

これが例えば、新潟でライブをして、次の日は富山でやるとかならまだマシだったかもしれない。だが、そういった日程の組み方をすると、どうしてもお客さんの動員が割れてしまうことになる。だから連続した日程の場合、あえてなるべく地方を離して予定を組んだ。そのため、移動もかなりの負担になってしまったのだ。

そういった工夫のおかげか47都道府県中、44箇所でチケットを完売にすることができたので、それなりに効果はあったのだろうが、もうこんな過密スケジュールでのツアーは二度とごめんだと思った。

ライブの聖地・武道館

そのツアーの翌年の2016年に入って、オレはユニバーサルを離れ、古巣のVictorへと戻った。以前に担当してくれていたスタッフも、Victorの社内で順調に偉くなっていてくれたこともあって、かなり自由な環境で活動させてもらうことができた。Victorに戻ることにしたのは、ユニバーサルに移った時と同様に、金銭的にさらにいい条件を提示してくれたからだった。

Victorに戻って最初に出したアルバムは『WHAT THE SPIDER』という作品だ。以前Victorと契約していた時から、ユニバーサルと契約している間にリリースしていたシングルに、Victorに戻ってすぐに発表したシングルを加えたBEST盤のような内容のアルバムだ。

この作品を5月にリリースするのだが、この時すでに大きなイベントの告知を開始していた。それは、2度目となる舞洲での緊急事態の開催だった。関西随一のフェス会場での、サウンドマンによるワンマン。それをこの年も開催することにしていたのだ。

ただ、それを決めた時点で、これを最後の緊急事態にするつもりだった。

メニエールのことがあって以来、オレは体調への不安を捨てきれずにいた。15歳の頃にレゲエを始めてから、気づけば20年以上の時が経ち、年齢もすでに40代を目前に控えていた。プレイヤーとして、いつまで万全の状態でいられるかわからない。

この緊急事態を最後にしようと思ったのは、1万人以上のお客さんにたった1人で挑む緊急事態の特性上、最高のパフォーマンスを見せられる状態でしか挑むことはできないと思っていたからだった。

オレが「今回で緊急事態をファイナルにするつもりだ」と公言していたからというのもあったのだと思う。9月25日の当日、この「緊急事態－RED SPIDER ONE SOUND DANCE 2016－」に集まってくれたお客さんの数は、前回の数を優に上回るものだった。

その日の選曲は、それまでの緊急事態と比べてジャパニーズセグメントの分量を減らし、ハードコアなレゲエの分量を多めにプレイした。お客さんに寄り添うことよりも、自分の中で思い残すことがないようにすることを優先したのだ。

ベイサイドジェニーの頃からかかさず緊急事態に来てくれていたファンにとっては、感慨深いものもあったのだろう。終盤には目に涙を浮かべているファンもいた。

そうして「緊急事態－RED SPIDER ONE SOUND DANCE 2016－」は大成功のうちに幕を閉じた。宣言通り、そこからのオレが「緊急事態」を開催することはなかった。

緊急事態を終えると、オレはまた急ピッチで制作を進め、年末の12月に「タイトル未定」というジャパニーズレゲエダブミックスの新作をリリースしたのだが、その1週間ほど前に今までやったことのない毛色の変わった面白いイベントを開催した。

それは「レッドスパイダー×吉本新喜劇 －ジュニアと烏川のひょっとこナイト－」というイベントで、なんとこのオレが、笑いの殿堂・なんばグランド花月の舞台に立ったのだ。

きっかけは、この前の年にオレがよく行く定食屋で吉本新喜劇の烏川さんとすれ違ったことからだった。その定食屋はカエルスタジオの事務所から車で5分ほどのところにあるのだが、烏川さんも常連さんだったらしい。その日は「間違ってたら恥ずかしいな」と思い声をかけなかったのだが、その話をTwitterでつぶやいたところ、烏川さんもオレと同じように「レッドスパイダーじゃないかな」と思っていたらしく、Twitter上で声をかけてくれたのだ。そこから仲良くなって、「いつか一緒に面白いことしましょう！」と話していたのが、1年越しに実現したのだった。

当日は、新喜劇のオクレ兄さんが小柄な体型を活かし、オレそっくりに変装をして、オレがライブ中によくやる片足をＤＪブースに乗せる仕草で登場するなど、他のイベントとはまた違う面白いイベントができた。

そんな感じで師走が過ぎ、２０１７年になった。オレはこの年、「旅ハ道連レ縦横斜メ」と題した2度目となる47都道府県ツアーを敢行した。

この時は前回の反省も踏まえて、半年の時間をかけて全国を回ることにした。地獄の鬼連チャンの日程で、みんながストレスフルな状態になったりするのはもう懲り懲りだった。十分な余裕を持ってスケジュールを組んだおかげで、このツアーは肉体的にも精神的にも負担少なく進められて、どの地域も大成功と言えるデキだった。

オレはこのツアーのファイナルで、また1つの挑戦をした。ファイナル公演を、武道館で開催することにしたのだ。武道館と言えば、言わずと知れたライブの聖地、日本で最も有名なライブ会場とも言えるような場所だ。

この場所を選んだのには、ひとつの思いがあった。

音楽業界はとにかく東京の一極集中が激しい業界だ。レコード会社やメディア、その他のエンターテインメント関連企業などもほとんどが東京を本拠地としている為、あらゆるチャンスの数が地方とは桁違いだ。だからメジャーデビューするとなると、それまで活動の中心を地方に置いていたアーティストもそのほとんどが東京に拠点を移す。それが悪いことではないと思うが、「東京に出ないなら諦めないといけない」とか、そういう風潮はずっと気に入らなかった。

オレのような地方のアーティスト、しかもアーティストと言っても歌を歌うわけでもないサウンドという世間的に見ればよくわからない存在。すぐに暴言を吐くからスポンサーもつかないし、テレビに出てくるわけでもない。そんなやつでもこのライブの聖地に立つことができる、というところを地方で頑張っている奴らに見せたかったのだ。

結果から言うと、武道館でのファイナル公演は大成功だった。独特な八角形の会場に集まったファンのみんなに囲まれる中でのライブは最高に気持ちの良いものだった。

オレは音楽活動を始めてから、ほとんどメディアのお世話になることなくやってきた。テレビには出ないし、ラジオにだって自分が一時期パーソナリティーをしていた番組を除いては、ほとんど出ることもない。

そんなオレが武道館でのライブを成功させることができたのは、やっぱり現場を積み重ねてきた結果だと思う。普段は200~300人の現場がほとんどだが、いつもその日その場所に来てくれたお客さんを、最大限に楽しませることを意識してやってきた。そのおかげでRED SPIDERのイベントはおもしろい、と思ってくれる人が、ひとり、またひとりと増えていった。

もちろん最初は自分が武道館をやることになるなんて、想像もしていなかった。だが、オレがずっと歩んできた「その日の現場を一番盛り上げる」という日々は、九段下《くだんした》の武道館へとしっかり続いていたのだ。

武道館を無事成功させた翌年の3月、オレはVictorから新しいジャパニーズレゲエダブミックス「#compact_disc」を出すと、ここでまたVictorを離れることにした。

といっても、Victorの方は契約延長をしてくれようとしていたのだが、こちらから辞退する形で契約を終了させてもらうことにしたのだ。

決して、メジャーに不満があったりするわけではなかった。ただ、メジャーとの契約は、多くの場合「ここからここまでの期間に、シングルを何曲、アルバムを何枚リリースする」という内容が含まれる。そのため、どうしてもリリースに追われて制作を進める必要が出てくるのだ。

オレはこれが少ししんどくなっていた。もっと自分のペースでやっていきたくなったのだ。それに、音楽業界のカタチも変わりつつある中、今までにやっていないことに挑戦できる時間が欲しくなったと言うのも理由の1つだった。

オレのようにアンダーグラウンドから音楽を始めて、そこで人気を得てメジャーに行ったりすると、セルアウトだとか言われることがある。メジャーで活動するようになると、セールスを重視してそれまでのスタイルとは違う音楽性になったりするアーティストが多いからだ。

オレもメジャーにお世話になるまでは、「そういうものなのかな？」と思っていた。だが、実際に契約してみると、居心地の悪さなんて一切感じなかった。今までやってきたことをさせてもらえなくなったり、メジャー側から「こういう曲を作れ」というようなことを言われたりすることは一度も経験したことがなかった。

ただこれはもちろん、〝オレの場合は〟だし、常に麻苧君をはじめとするカエルスタジオのスタッフのみんなが、メジャーとの間にも入ってくれていたからだったのかもしれない。

ともあれ、オレはこのタイミングからメジャーを離れ、1人のインディーズアーティストとして活動をするようになった。

第10章

社長

「また緊急事態やろうや」

オレはワンマンイベント「緊急事態」を2023年に復活させることにした。前回でファイナルにするつもりだったこのイベントをもう一度開催することにしたのは、2019年に入って、大きな出来事があったからだ。

2019年のGWは例年同様にイベント続きの日々を過ごした。最終日には、大阪の心斎橋・SUNHALLにサウンドシステム〝K－3756S〟を導入して、「HARD TIME」という往年の名曲だけを掛け合うサウンドセッションのイベントを開催した。ゲストとして現マイティジャムロックのKYARA君が90年代に組んでいたサウンド、DIGITAL BASEとして出演してくれたりして、楽しい時間を過ごした。

営業続きのGWをなんとか乗り切ったオレは、次の週末までの間、珍しく休暇を取って3泊4日の韓国旅行に出かけた。

関西国際空港で飛行機に乗り込み、シートに座り、案内に従ってシートベルトを締め、スマホを機内モードに変えようとした瞬間、そのオレの電話が鳴った。着信画面に表示された名前は、カツ君だった。オレが駆け出しの頃からお世話になっているあのカツ君だ。普段電話がかかってくることなんてまずないので、オレは不思議に思いながら電話に出た。

電話の向こうのカツ君は、慌てた口調で「麻苧《あさお》君が倒れてん‼」とオレに話した。なんでも、麻苧君とカツ君の共通の趣味であった山登りの最中に、突然麻苧君が体調を崩し、そのまま心臓発作で倒れてしまったのだと言う。カツ君の声の後ろでは、けたたましくヘリのプロペラが空気を割く音が鳴り響いていた。今まさにドクターヘリが麻苧君を乗せるところだったようだ。

オレはその知らせに一瞬頭が真っ白になった。だが、オレは今飛行機の機内にいて、その飛行機はすでに飛び立つ準備を始めようとしている。さすがに今から降りることはできない。それに韓国までのフライトは3時間くらいだ。まさかその間に、どうにかなってしまうことはないだろう。オレはそう考えて、「とりあえず韓国に着いたら、またすぐに電話します」と伝え、カツ君との電話を切った。

だが、時間は無情なものだ。オレが韓国に着き、カツ君に折り返した時には、すでに麻苧君は息をひきとってしまった後だった。

オレはすぐに旅行を中止し、韓国から引き返そうとしたのだが、その日はどの便も満席で、チケットの変更ができなかった。気が気でない状況のまま、韓国のホテルに泊まったオレは、翌日の便で日本に戻ることになった。

オレが日本に着いた頃には、すでに麻苧君の葬儀は始まっていた。そこにいたみんなが、現実を受け止められずにいるようだったが、その様子を見て、オレはあらためて麻苧君の死が現実のことなのだと思い知らされた。

告別式での弔辞を頼まれていたオレは、生まれて初めて弔辞の文章を書き、喪服の胸ポケットに忍ばせていた。オレの前に三木君が弔辞を読み、やがて自分の順番が回ってきた。準備した弔辞を読み上げようとしたが、ダメだった。視界が滲んでしまい、いっさい文字が読めなかった。自分が、過去に覚えがないくらいに人前で涙を見せていることに気づいた。

弔辞を書いた紙をしまい、その場で思いついたことをなんとか話した。なにを話したかはほとんど記憶にない。ただ「早すぎますよ……」と言ったことだけはなんとか覚えている。

葬儀を終えてしばらくは、茫然自失の日々が続いた。だが、麻苧君が亡くなったのはもちろん突然のことだったので、毎週末のイベントもその先数ヶ月にわたって詰まっているような状況だった。だから、立ち止まるようなこともなく、オレはいつの間にか日々のルーティーンに忙殺されるようになっていた。

それでも、麻苧君が亡くなったのを契機に、決めたことがあった。それは、最後にもう一度だけ、緊急事態を開催することだった。

麻苧君は、20年ほど前に出会ってから、ずっと一緒にやってきた相棒だった。もちろんたまには意見がぶつかる事もあったが、オレの1番の理解者であり、1番のファンでいてくれた人だった。野良ニンゲンだったオレを、1人のアーティストとして、1人の大人として育ててくれたのは間違いなく麻苧君だった。

そんな麻苧君が「また緊急事態やろうや」とよく言ってくれていた。オレは前回の緊急事態を開催する時に「これが最後！」と宣言していたので、当時は何度言われてもずっと首を縦に振らずにいた。だが、状況が変わるとやはり心境も変化するものだ。次第に麻苧君の思いを叶えたいという気持ちが湧くようになり、オレはもう一度だけ緊急事態を開催することを決めた。時期は２０２０年の秋口の予定で、一旦は会場まで押さえた。

だがそこから半年ほどが経った、「そろそろ緊急事態の開催を発表しようかな」と思っている頃、今度はカエルスタジオだけじゃなく、日本中、いや世界中を巻き込んだ未曾有の事態が起きた。ＣＯＶＩＤ－19、新型コロナウイルス感染症の大流行が起こったのだ。人類が初めて体験したとまで言われるほどのスピードで世界中に広がったこのパンデミックにより、世の中は感染対策に追われ、「緊急事態」どころか、一旦はあらゆるイベントが開催できなくなってしまった。

予定していたイベントが、次々と中止されていく状況は、本当に先行きの見えない霧の中を歩むような日々だった。

ただ、だからと言って、指を咥えて嵐が過ぎ去るのを待ち続けるわけにはいかなかった。それにあらゆるイベントがストップしたことによって、立ち止まって思いを巡らすような時間ができた。

そんな中、オレはある楽曲の制作に着手した。それは、亡くなった麻苧君のことをテーマにした楽曲だった。

長い音楽生活の中、大切な仲間を失ってしまうことは今までにもあった。レゲエやヒップホップの世界では、そういうことが起こると関係の深かったアーティストが追悼ソングをリリースすることがよくある。ブラックミュージックの一種の伝統といっても良いだろう。だが、オレは湿っぽくなるのがあまり好きではないのもあって、ずっとそういった曲を作らずにきた。どこか亡くなった仲間をビジネスのタネにしてしまっている感じがするのも、気が乗らない理由の1つだった。こういったことについては、生前の麻芋君も共通の考えを持っていた。

だから麻芋君が亡くなってからしばらくの間は、追悼ソングみたいなものを作ることは考えもしなかった。

だが、時間が経過するにしたがって、自分の中にある消えない言葉があることに気づいた。

それは麻芋君の告別式の際に、麻芋君の奥さんが喪主の挨拶として話された中にあった「人は二度死ぬと言います。一度目の死は肉体の死。二度目の死は人々の記憶から消えてしまうことです、どうか麻芋のことを忘れないでいてやって欲しい」という言葉だった。

これはオレにとってもすごく腑に落ちる言葉で、オレがライブで曲をかける時にも、同じような気持ちを込めてこの世を去ってしまったアーティストの曲をかけることがあった。オレ達レゲエサウンドが、現場でそのアーティストの楽曲をかけ続けていれば、そのアーティストの存在が忘れられることはない。

だがこれはあくまでアーティストだから叶う話で、裏方である麻苧君の場合はそうもいかない。そもそも、麻苧君がオレ達にとってどれだけ大きな存在だったたか、その人間性や功績を知っているのは、オレ達アーティストの側なのだ。だから、今回だけは、どうしても楽曲にしてしまわなければならないと思うようになった。

とはいえ、もし麻苧君に「麻苧君の追悼ソング作ります」などと伝えようものなら、「お前、マジでやめろや」と怒られてしまいそうな気がしていた。それも決して照れなどではなく、結構本気のテンションのやつだ。だから勝手に進めるのはやはり気が引けて、オレはまず現カエルスタジオの社長でもある麻苧君の奥さんに、「麻苧君の歌、作ろうと思います。」と了解をとった。奥さんは「ぜひぜひ」と言ってくれたので、オレは早速制作を始めた。

まずはリズムトラックをある程度仕上げると、歌ってもらうアーティストを選ぶ作業に入った。数名のアーティストによるマイクリレーにするのは早い段階で決めたが、その人選はなかなか難しいものだった。麻苧君にお世話になったアーティストなんて、100人やそこらの人数ではないのだ。だが、1曲の中に収めるにはどうしても数名に絞る必要性があった。

悩みに悩んだ結果、まずカエルスタジオのアーティストである、KENTY GROSS、APOLLO、NATURAL WEAPONの3人、今はすでにカエルスタジオを離れているものの、カエルスタジオのアーティストとして長い時間を過ごしてきたＢＥＳ、公私共に家族ぐるみで付き合いの深かったシンガーのＫＩＲＡ、高校時代からの友人であり麻苧君をレゲエの世界に引き込んだ張本人、カエルスタジオ創業時のメンバーでもあった三木君、そしてデビュー前からサポートを続け、レゲエシーンでお互いが逆風に晒されるような状況の中でも、力を合わせて駆け抜けてきた戦友ＭＩＮＭＩの7名に絞った。

この中で、最初に声を入れてもらったのはＬＡでコロナ禍を過ごしていたＭＩＮＭＩだった。オレとも今までも数え切れないくらいの数のセッションを繰り返してきたＭＩＮＭＩだ。必ず高いクオリティでレスポンスを返してくれることはわかっていたので、麻苧君の歌であるということだけを伝え、あまり細かいオーダーはあえて出さなかった。

数日後、ＭＩＮＭＩの送ってくれたプリプロ音源を聴いて、オレは頭を抱えることになってしまった。決して出来が悪かったのではない。その逆で、あまりにも良すぎたのだ。オレは不覚にもＭＩＮＭＩの綴ったリリックが刺さりすぎてしまい、今まで楽曲の制作で味わったことのないような感傷的なバイブスになってしまった。とてもじゃないが、そのまま制作を進めていけるような気がしなくなり、そこでこの楽曲の制作は一旦ストップしてしまった。

ＭＩＮＭＩにも、これでバッチリだということも伝えられずにいたため、ＭＩＮＭＩはＭＩＮＭＩで合格だったのか不合格だったのかもわからず、不安な日々を過ごしたらしい。後で軽く怒られてしまった。

その後しばらくして制作を再開させたが、みんなのプリプロを録音していく作業は、一人ずつの抱えている麻苧君への想いを受け止めてゆくような作業でもあり、オレはその都度〝当たる〟ような状態になってしまった。そのせいで、この楽曲の制作は休み休みしか進めることができず、1曲作るのに1年以上の時間がかかってしまうことになった。

完成した楽曲は、ＡＰＯＬＬＯのアイデアで、「麻の中の蓬《よもぎ》」と名付けられた。クネクネと曲がって成長しがちな蓬でも、天に向かってスクッと真っ直ぐ育つ麻の中で育てば真っ直ぐと育つ、というところから転じた、人は善良な人と交われば自然と感化されて善良な人となる、という意味の古事成語だ。

麻苧君が一般的にいう「善良な人」だったかどうかはさておき、気概があり、真っ直ぐな軸のブレない、そしてちゃんと常識を兼ね備えた人だった。この楽曲に参加したアーティストはみんな、そんな麻苧君との出会いの中で成長を遂げてきたものばかりだ。

バッチリだと思った。

この楽曲を作ったことで、オレ達は麻苧君の死を悲しむだけでなく、そのこと自体を自分達の強さの拠り所にして、また歩み出せる、そんな気がした。

ZUMZUM CHANNELとこれからのこと

コロナ禍が訪れる数ヶ月前、オレはYouTubeを始めた。緊急事態を開催するにあたって、今までの現場を中心としたプロモーションだけでは物足りないような気がしていたからだ。少し前から、レゲエブームはすっかり落ち着き、ファンのみんなも家族ができたりして、現場から足が遠のいている人が多いことを感じていた。

「YouTubeなら現場から足の離れてしまった年齢層のファンにも、レゲエを届けられるかもしれない」

そんなふうに考え、手探りで始めた「レッドスパイダーのZUMZUM CHANNEL」だったが、今まで紙媒体にさえほとんど出ることのなかったオレがYouTubeを始めたことで、レゲエシーンにはすぐにその噂が広まり、登録者数も順調に伸びていった。

オレはタイミングよく始めていたこのZUMZUM CHANNELのおかげで、コロナ禍で政府の方の緊急事態が発令されている間も、レゲエを発信し続けることができた。YouTubeがきっかけで、今まで触れ合うことのなかった色んな人とも繋がりを持つことができた。

それはHIP HOPやJ-POPのアーティストだったり、YouTuberだったり、ゲームの実況配信者だったり、様々な立場の人達だったが、一番ありがたかったのは、オレの配信を楽しみにしてくれる多くの視聴者と出会えたことだ。ＺＵＭＺＵＭ ＣＨＡＮＮＥＬでの活動を通じて、今までレゲエに興味を持ったことなどなかった人達やレゲエを知っていても一度も現場に来たことなかった人達、さらにはレゲエは大好きだがプレイ中のオレのキャラしか知らず、何年もオレのことが大っ嫌いだった人達まで、オレのライブを楽しみにしてくれるようになった。これは本当に大きな収穫だった。

長いコロナ禍の時間もようやく去り、今年２０２３年の夏の終わり、ちょうど大阪で彼岸花が咲き誇る頃、オレは今度こそ緊急事態を開催する。ようやく、ライブにかかる政府からの行動制限みたいなものも取り払われて、オーディエンスのみんなにも色んなことを気にせず、フルで楽しんでもらえる状況ができた。

めざせ3万人、とぶち上げたものの、本当にそんな人数が集まってくれるかはわからない。だが、最後の緊急事態は必ず来てくれた人の一生の思い出になるようなイベントにする。

緊急事態を終えた頃、オレは次のどんなことを考えているだろう。オレにも想像がつかない。きっとまたワクワクするようなことを考えているのだろうか。

人生がどこまで続くかわからない。だがオレの命がある限り、野良ニンゲンの奮闘はこれからも続いていくのだろう。

あとがき

こうして40年以上の軌跡を振り返ってきた。幼少期や中学時代など、レゲエと出会う前のことにわりと分量を割いたのは、人はマイナスとしか思えないような環境からでも、諦めずに歩を進めていけば、それなりに辿り着ける場所はあるということを知って欲しかったからだ。もちろん努力が必ず報われるなんてことは言わないが、北八尾街道近くの長瀬団地の一室から始まったオレの道も、九段下の武道館までは続いていていた。

もちろん運に助けられた要素は大きい。でもそれはオレが常に「こうしたい」という願望を持ち続けていたからかもしれない。己が何かを望み、それを叶えようと動き出さなければ、いくら運やタイミングが巡ってきてもそれを活かすことはできないだろう。

レゲエを始めて、色んな人と出会い、互いに影響しあうことによって、ただの野良ニンゲンだったオレは、ちゃんと立派な野良ニンゲンになることができた。

モンキーさんと出会った頃と比べると、ずいぶんいい靴も履けるようになったし、それなりにいい車にも乗れるようになった。家だって、トタン屋根のボロ家じゃなく、自分で建てた立派な瓦屋根の家に住むようになった。

麻苧君に怒られてからは、コーヒーカップの中でタバコの火を消すことも無くなったし、机の天板の裏側に毎日鼻くそを付けてコレクションするようなことも無くなった。だが、幾分立派になっても、どうやら野良の魂は消えそうにない。

だが、1つ変わったのは、マイナス要素でしか無かったであろう野良の要素を、今では自分の武器にできるようになったことだ。

野良と呼ばれるようになるまでの間にオレが見てきたもの、オレが感じてきたことは、アーティストとしてのオレの視座やオレの言葉の説得力につながった。ずっとオレの中にある、満たされることのない〝飢え〟のようなものも、もしかするとなにかと不如意なことの多かった幼少期の生活によって培われたものかもしれない。


こうして自伝にしてみると、いかに自分が人との出会いに助けられてきたかがわかる。新しいことに挑戦する時も、人との出会いがその契機になっていることが多かった。

この本を書くことになったのも、YouTube の企画として、全くの異業種といえる裏社会ライター、丸山ゴンザレス氏の『裏社会ジャーニー』とコラボをしたのがきっかけだった。その番組のプロデューサーが彩図社という出版社で編集長を務める草下シンヤ氏で、簡単なノリで「今、企画で実録レッドスパイダーって企画やってるんですよ！　これ、本にしてもらえません？」と頼んでみたことがきっかけだ。

本を書くことなど初めての経験で、予定していたよりも時間を掛けることになってしまったが、辛抱強く付き合ってくれた草下氏には心から感謝したい。


オレは、レゲエが嫌いだった。いや、レゲエに限らず洋楽全体が嫌いだった。言葉の意味もわからないのに、そういった音楽を聴いている奴らは、ただのカッコつけだと思っていた。当然クラブ遊びなんてもってのほかだった。

だから「レゲエのイベントに行ったことがない」とか「レゲエなんか嫌い」と思っている人の気持ちもわかるところがある。オレが元々そっち側にいたのだから。

そんなオレがレゲエにハマったきっかけが、やはりイベントだった。元々兄弟が部屋で掛けたりもしていたが、その時は全然興味がわかなかった。それが、誘われて行った初めてのイベントでものの見事にハマった。レゲエ独特の音の凄さ、年上のおにーちゃんおねーちゃんがたくさん集まって、めちゃくちゃ楽しそうにしているその空間に「え、なんじゃこれ。オレの知らん世界、こんな楽しいん？」と衝撃を受けた。

これがもし、お客さんが5、6人しかいなくて身内ノリでやっているようなイベントだったら、そこまでハマらなかったと思う。ファーストインプレッションは大事だ。レゲエをもっともっと広めたいが、広めたいからこそ、最初がどのイベントでもいいとは思わない。
　だから、もしこの本を読んで、オレのことやレゲエに興味を持ってくれた人が居たならば、是非一度オレのイベントに足を運んで欲しい。現場に来てさえくれれば、絶対にオレがハメるから。

2023年8月　ジュニア

著者略歴
ジュニア
本名、川畑成児。1975年生まれ、大阪府出身。レゲエサウンドRED SPIDERのセレクター／MCとして、20年以上にわたりレゲエシーンのトップランナーとして活躍を続ける。毒舌を織り交ぜた強烈なMCスタイルとオリジナリティ溢れるダブプレート、可動式巨大サウンドシステム“K-3756S（ケー・ミナゴロシ）”を駆使し、年間多数のライブを展開している。
音楽プロデューサーとしても現在まで国内外問わず300曲以上にも及ぶ作品を手掛け、数々のアーティストと共に大ヒットソングを世に送り出し続けている。
また日本を代表するスニーカーコレクターとしても知られ、自身でもアパレルブランドを主催するなどファッション業界からも注目を集める他、近年は動画クリエイター、フォトグラファーとしてなど、音楽を中心に数々の分野に活躍の場を広げるマルチクリエイターである。

カバー写真：JUNYA "Thirdeye" S-STEADY
デザイン：FURUMO
構成：Yusaku Toriiminami

野良ニンゲン
RED SPIDER ジュニア自伝

2023年9月21日　第一刷

著　者　　ジュニア

発行人　　山田有司

発行所　　株式会社　彩図社
東京都豊島区南大塚3-24-4
MTビル　〒170-0005
TEL：03-5985-8213　FAX：03-5985-8224

印刷所　　シナノ印刷株式会社

URL：https://www.saiz.co.jp
https://twitter.com/saiz_sha

ISBN978-4-8013-0676-9 C0095